漂流救援基础教程

主　编　鹿　徽
副主编　叶澜涛　陈泽勇　顾　磊

人民体育出版社

图书在版编目（CIP）数据

漂流救援基础教程 / 鹿徽主编. -- 北京：人民体育出版社，2019（2023.8重印）
ISBN 978-7-5009-5450-7

Ⅰ.①漂… Ⅱ.①鹿… Ⅲ.①漂流运动—救援—教材 Ⅳ.① G888.6

中国版本图书馆 CIP 数据核字 (2020) 第 003390 号

*

人民体育出版社出版发行
北京中献拓方科技发展有限公司印刷
新 华 书 店 经 销

*

787×1092　16开本　15.5印张　260千字
2020年4月第1版　2023年8月第4次印刷

*

ISBN 978-7-5009-5450-7

定价：95.00元

社址：北京市东城区体育馆路8号（天坛公园东门）
电话：67151482（发行部）　　邮编：100061
传真：67151483　　　　　　　邮购：67118491
网址：www.psphpress.com

（购买本社图书，如遇有缺损页可与邮购部联系）

审校组成员（按姓氏笔画排序）：

王永健　叶澜涛　刘永刚　关家镜　肖　剑　沈先宝
张　艳　张润平　陈　功　陈任之　陈泽勇　欧艺驰
庞锦华　贾海霞　顾　磊　鹿　徽　韩海波　温泽兴

前　言 PREFACE

改革开放40年来，我国人民的生活水平不断提高，国民参与体育活动的热情也越来越高涨。随着体育运动不断蓬勃发展，新兴体育运动也开展得如火如荼，漂流运动就是其中之一。漂流运动的兴盛再一次说明水上运动项目深受大众的喜爱，具有长久的吸引力。

与此同时，我们也应该清醒地认识到，由于商业性的漂流活动开展时间较短，从业人员的相关经验能力不足，使得近年来漂流活动事故频发，人员伤亡情况时有发生。这一状况的出现不仅损害了参与活动人员的生命财产安全，而且也对这一运动的持久健康发展产生了不利影响。这一状况的出现，实际上对于救生事业和救生技能提出了新的要求和挑战。正是为了应对水域运动新的安全保障需求，本书的编者们萌生了编写漂流救生教程的念头。

在制定教程框架时，编者将漂流运动的发展历史作为导入部分。通过对漂流运动史以及漂流救援特征的梳理，帮助读者建立漂流运动的历史认知。具体到救生技能部分时，编写的基本思路是将游泳技术作为救援的基础技能，而其他技能和器械的使用技能作为高级技能来介绍。这样的编写思路符合救生技能培训层层深入的要求。

由于目前国内缺乏系统地探讨这一水域运动技能的相关著作和教材，因此编者在编写时充分借鉴和吸收现有的水域救生技巧，探讨现有的水域救生技巧有哪些部分适用于漂流环境。如果现有的救生技巧可以且应当运用到漂流环境中，就大胆地吸收和借用。因此，读者在阅读的过程中，会发现游泳技术、游泳池救生技术、自然水域救生技术等都被作为救援技能的有机部分予以介绍。考虑到救援过程中，救生员不仅需要救助伤者，还需要对其进行初步的运动损伤处理，因此，编者也将运动损伤纳入为基础救援的组成部分。当然，在技能部分不是简单地将现有知识进行整合排列，而是进行了新的拓展，例如救援艇筏的扶正技术等。不知道这样的编写思路是否能够被读者所接受，这有待读者以及专业人士的积极反馈。

编者在编写过程中，已经认识到现有的教程框架可能会有知识点上的遗漏和不足。即使如此，编者也怀着惴惴之心从事这一开创性的工作，原因不在于编者的自满，而是迫切地感受到这一领域需要有人做一些尝试性工作，这样才能将这一问题的探讨引向深入。如果这一教程能够引起相关从业人员的注意，从中提高了漂流救援能力，并有力改善漂流运动的救援水平的话，那么诸位编者几年来的努力工作就有其价值和意义。

全书的考察和项目研究工作得到了惠州市体育局与广东海洋大学的大力支持，受到惠州市体育局委托研究项目"惠州市漂流救生员上岗资格培训与考核标准制定"的资助，在此表示感谢。

本教程为漂流救援的基础教程部分，还有高级教程与之配套。如有兴趣了解的读者，可以做进一步的拓展。

叶澜涛

2019 年 1 月

目 录 CONTENTS

前　言 ………………………………………………………………… 1

第一章　绪论 ……………………………………………………… 1

第一节　漂流活动简史 ………………………………………… 1
一、古典漂流阶段 …………………………………………… 1
二、现代漂流阶段 …………………………………………… 4
三、中国漂流运动的发展状况 ……………………………… 6

第二节　漂流活动的分类 ……………………………………… 10
一、按照漂流目的来划分 …………………………………… 10
二、按照漂流的难度进行划分 ……………………………… 11
三、按照漂流水道的改造程度划分 ………………………… 12

第三节　漂流救援概述 ………………………………………… 13
一、漂流救援的概念及影响因素 …………………………… 13
二、漂流救援的特点 ………………………………………… 15
三、漂流救援的意义 ………………………………………… 17

第二章　漂流游泳技术 …………………………………………… 19

第一节　漂流游泳技术概论 …………………………………… 19
一、漂流游泳技术的功能 …………………………………… 20
二、漂流游泳技术的分类 …………………………………… 20
三、漂流游泳技术的特点 …………………………………… 22

第二节　漂流游泳主要技术 …………………………………… 23
一、蛙泳 ……………………………………………………… 23

二、爬泳 38
　第三节　漂流游泳次要技术 57
　　一、踩水 57
　　二、反蛙泳 63
　　三、侧泳 72
　　四、抬头爬泳 89
　　五、潜泳 90

第三章　漂流救援常用技术 95
　第一节　漂流救援技术概述 95
　　一、漂流救援技术的概念 95
　　二、漂流救援技术的作用 95
　　三、漂流救援活动的特点 96
　第二节　基础救援技术 98
　　一、救生浮标 99
　　二、救生绳 115
　　三、救生绳包 121
　　四、救生圈 124
　　五、(带钩) 救援杆 125
　第三节　高级救援技术 126
　　一、救援板 126
　　二、救援艇筏 139
　第四节　徒手救援技术 154
　　一、入水 155
　　二、接近 157
　　三、解脱 160
　　四、拖带 174
　　五、激流靠岸 177
　　六、上岸 178

目 录

第四章 漂流运动损伤与处理 ... 185

第一节 漂流运动损伤概述 ... 185
一、运动损伤的基本概念 ... 185
二、漂流运动损伤的基本概念 ... 187
三、处理漂流运动损伤的目的和意义 ... 187

第二节 漂流运动损伤的评估 ... 188
一、漂流运动损伤的辨别方法 ... 188
二、漂流运动损伤的分类 ... 190
三、运动损伤的评估标准 ... 192

第三节 漂流运动损伤的基础处理 ... 193
一、漂流运动损伤处理的基本原则 ... 193
二、漂流运动损伤处理的基本流程 ... 194
三、漂流运动损伤处理的基本手段 ... 195

第四节 漂流运动损伤处理的具体措施 ... 201
一、擦伤 ... 201
二、裂伤、刺伤、切伤 ... 202
三、挫伤 ... 202
四、扭伤 ... 203
五、出血 ... 203
六、脱臼 ... 208
七、中暑 ... 209
八、休克 ... 209
九、骨折 ... 210
十、溺水 ... 214
十一、脊柱受伤 ... 218
十二、脑震荡 ... 229

结 语 ... 231

后 记 ... 236

第一章 绪 论

人类的生存离不开水。人类的早期定居点都是在水源地附近，各种与水相关的活动参与了早期人类文明的创造。正是因为人的生存与水之间密切的关系，人类在诞生之初就发明了许多与水相关的运动项目。漂流作为水域运动的项目之一，也成为人类探索自然、征服自然，最终达到人与自然和谐相处的证明。在漂流运动发展的过程中，人们不断丰富其人文内涵，提高其技术手段，从中也可以看出人类伟大的创造力。

第一节 漂流活动简史

从历史的角度来看，作为水域活动之一的漂流运动大致经历了两个阶段：古典漂流时期和现代漂流时期。古典漂流时期主要以生存为目的，在漂流工具上较为简单原始；现代漂流时期主要以科考、休闲、探险等为目的，不仅漂流工具不断改进，而且运动规范也不断完善。漂流活动从古典向现代的转化不仅说明了该项运动的强大生命力，也证明了现代科技事业和体育事业的发展繁荣。

一、古典漂流阶段

漂流作为一项人类活动，最早是作为生存技能出现的。在早期原始的人类发展阶段，人们借助各种能够提供浮力的工具主要进行取水、捕食及交通等简单活动。随着人们造船技术的不断提高，对于舟船的使用逐渐摆脱了简单的工具阶段，开始附加其游戏、征战等功能①。在找寻和制作合适的漂流工具方面，人类经历了漫长的摸索阶段。在古代，人们使用漂流工具开展漂流活动主要经历了两个时期：浮具时期和舟船时期。

（一）浮具时期

在浮具时期，人们主要是从身边可资利用的工具开始，葫芦、皮囊、筏等具有自然浮力的物体都被人们作为漂流工具使用过。葫芦属于早期常用的漂流工具之一。葫芦之所以被先民作为早期的漂浮辅助工具，是因为葫芦具有重量轻、易获取、浮力大等特点。在《易经》中就曾记载"包荒，用冯河，不遐遗。""包"通"匏"，指的就是掏空的葫芦。被掏空的葫芦在用作漂流工具时也被称为"腰舟"，古代人们已经学会借助葫芦的浮力来完成漂流活动。尝试借用葫芦的浮力渡河的记载在后代的诗歌中也不断出现，如《诗经·邶风·匏有苦叶》："匏有苦叶，济有深涉。深则厉，浅则揭。"又如《国语·晋语》："夫苦匏不才，于人共济而已。"在畜牧养殖业发展之后，人们开始使用气密性更好的动物皮囊作为浮具。与葫芦等植物类浮具相比，皮囊等动物类浮具有更为持久的防水性能，而且具有易储藏、易搬运等特点，因而在漂流工具的使用上逐渐替代了前者。皮囊的确切使用时间难以考证，只能从早期史料的零星记录中推测其使用情况，如《后汉书·南匈奴传》中记载："其年秋，北虏果遣二千骑候望朔方，作马革船，欲度迎南部叛者，以汉有备，乃引去。"又如《后汉书·邓寇传》中记载："训乃发湟中六千人，令长史任尚将之，缝革为船，置于箄上以渡河。"所谓"作马革船""缝革为船"即借用皮囊作为漂流工具。

葫芦和皮囊虽然易获取、易搬运，但也存在一定的缺憾。这类漂浮辅助工具通常浮力不稳定，具有相当的危险性。而且这类浮具通常只能解决人数较少、物体较轻的运输任务，多人次的运输任务和较大体积的物体都无法借助这类工具来完成。木筏、竹筏、皮筏的出现在一定程度上解决了上述问题。筏是在单体浮具的基础上发展起来的，在盛产竹子的南方，人们将竹子捆扎成束作为漂浮工具使用。《尔雅》中记载"桴、栰，编木为之。大曰栰，小曰桴。"郭璞对此注解："木曰栰，竹曰筏，小筏曰桴。"由此可以看出，以竹木为筏的历史较为久远。使用竹木作为筏具有明显的优点，由于船体体积更大，浮力更加稳定，因而安全

---

① 莫在美. 漂流运动文化的建构［J］. 体育文化导刊，2014（5）：60.

性也更加可靠。与传统的葫芦和皮囊相比，筏类的漂流工具可操控性更强。借助桨板、舵尾等装置可以更加轻便地提供动力和控制方向。筏类的出现意味着原始浮具阶段的结束。

(二) 舟船时期

除了中国人在漂流活动中运用到葫芦、皮囊、竹筏外，世界上其他人群在早期漂流活动中也借助其他工具来完成漂流，例如古埃及人的纸莎草筏船、爱斯基摩人的皮划艇、印第安人的树皮艇等。公元前4000年前后，美索不达米亚和埃及地区进入红铜时代。在埃及前王朝时期，尼罗河上出现了纸莎草筏船，这种船采用埃及当地特产纸莎草作为原料，将纸莎草分束捆扎，然后再把若干束雪茄型的纸莎草捆绑成大致的勺型，使两端变窄的同时也不外翘，形成外伸的头尾[1]。纸莎草筏船是聪明的古埃及人利用当地原料发明的水上交通工具。纸莎草筏船利用成捆束的草产生的浮力有效解决了当地人在尼罗河上的运输问题。

爱斯基摩人依靠动物进行生存，每年随动物一起迁途。爱斯基摩人有两种交通工具：一种是雪橇犬，一般冬季使用；另一种是皮划艇，一般作为夏季海上交通工具使用。爱斯基摩人使用的皮划艇分为两种：一种是敞篷船，爱斯基摩人称为"屋米亚克"。各地爱斯基摩人做的敞篷船样式相近，只是格陵兰岛东部的爱斯基摩人因缺少木头，用动物的骨头和筋做框架。这种船长9米，可同时载900公斤的货物和8个人，4个人就能将其轻松地抬走。阿拉斯加爱斯基摩人通常将狗拴在船头，让狗在海岸或河岸上拖着船跑，舵手使船和岸保持一定的距离，并有一人划船，前方遇到岬角或陆地时，再把狗放到船上。另一种是带舱的船，爱斯基摩人称为"柯亚克"。各地制作的"柯亚克"样式不一，材料也不相同，但船体狭窄、速度快、便于操纵是其共同点。这种船长6米，宽1米，船体只能容1人，主要用于打猎，用它追逐猎物速度快，操纵灵活。

印第安人制作发明了树皮艇，又称"独木舟"。古印第安人发现树干在水里具有漂浮能力，树干越粗大能承受的重量也越大。圆柱形的树干在水里不稳定，会翻滚，人在上面坐立不稳，人们根本无法在独木舟这种圆柱形树干上面活动。于是，古印第安人就用石斧、石锛、锸等工具，将圆圆的树干削平。后来，发现

---

[1] 辛元欧. 中外船史图说 [M]. 上海：上海书店出版社，2009：3.

用火比石斧加工木材更为方便。古印第安人将树干上不需要挖掉的地方都涂上厚厚的湿泥巴，然后用火烧掉要挖去的部分。这样被烧的部分就被烧成一层炭，再用石斧砍就较为容易，独木舟就这样被制造了出来。

早期人们使用各种漂浮工具，主要是为了解决饮水、捕食、交通等实际生存需求。对于漂流活动实用功能的强调，说明早期漂流活动是为了满足人们日常生活需要而出现的。早期漂流工具并非完全只有实用功能，在特定条件下也具有一定的游戏功能。例如，中国古代的竞技运动龙舟赛的出现，说明人们在使用船筏的过程中除了重视使用功能外，开始强调其游戏功能。屈原在《九歌》中曾描述，"驾飞龙兮征，遭吾道兮洞庭""驾龙舟兮东方，载支旗兮委蛇"就称颂了龙舟出行的雄伟模样。然而强调游憩功能的漂流活动并不多见，原始漂流活动向现代漂流活动的转型是人们提高发展造船技术以后，不再需要漂流解决捕食和交通等生存需要时，现代漂流活动才真正产生。

二、现代漂流阶段

现代漂流运动在漂流目的、漂流工具、漂流技术、漂流管理等方面与古典漂流运动有着明显的区别。现代漂流运动主要以探险、科考、休闲为主要目的，材质上主要以天然橡胶或 PVC 为主，由于导航、动力以及监控系统的发展，漂流活动的安全性更高。对于漂流河道的等级划分也有利于漂流风险的管控。现代漂流运动大致可分为两个阶段：转型时期和发展时期。

（一）转型时期

这一时期主要从 19 世纪中叶至 20 世纪中叶。19 世纪中期，美国为了探索拉丁美洲曾派遣科考队到达亚马孙流域。1854 年，为了呈现这次科考的成果，威廉·路易斯·赫恩登（William Louis Herndon）在华盛顿为国会做了《亚马孙河流考察记》（Exploration of the Valley of the Amazon）的报告，该报告中赫恩登详细记录了英裔美国人于 1851 年从秘鲁到亚马孙河口的首次漂流探险[1]。美国不仅在国外借助漂流进行河流探险，而且在国内亦是如此。19 世纪后半期，在美国的科罗拉多（Colorado）河流域出现了新的休闲方式，即在导游的带领下乘坐木

---

[1]史志康. 剑桥美国文学史：第二卷［M］. 北京：中央编译出版社，2008：150.

舟白浪划船。这种探险性的漂流活动摆脱了原始阶段以生存为目的的漂流活动，将休闲娱乐、探险科考相结合，标志着现代漂流运动的开始。1938年，美国人内维尔（Nevills）完成了全球范围内的第一次商业漂流，他受雇佣带领着密歇根大学的植物学家科尔弗（Colver）和乔特（Jotter）穿越了科罗拉多河大峡谷，这标志着商业性的漂流活动正式开始[1]。无论是探险漂流还是商业漂流，这些漂流活动与以前相比都具有新的特点，即从生存性的漂流活动向休闲、科考、商业等多方向发展。美国1930至1940年代的商业漂流在这一期间发展较为稳定，人数并未明显增长，漂流运动进入缓慢发展阶段[2]。

（二）发展时期

1950至1960年代，漂流作为一项体育主题的旅游活动在欧美发达国家开展起来。以美国为例，对战后廉价的海军救生船的再利用成为美国漂流产业发展的催化剂，参与漂流的人数急剧增加[3]。这一时期，欧美地区强劲的经济复苏给休闲体育产业带来了巨大的商业推动力，更多的人走入自然参与到户外运动中，户外漂流成为人们选择的项目之一。1970至1980年代，国外商业漂流运营日益成熟，纷纷成立"漂流俱乐部"，在船只设计、漂流技术、漂流基础设施和解说方面明显趋于专业化。据美国《江河漂流者》1988年的统计数据，当年仅在美国东部参加漂流活动的旅游者就达到100万人次[4]。这一时期不仅漂流运动得到普及，与之相关的产业水平也得到提高，如专业船具、器材、装备、服装等已经有了专业的制造厂商和供应链。政府职能部门为此制定了商业性漂流的管理条例，对经营者和经营河道的许可、桨手资格的取得、安全救护的保障、环境的保护、船具装备的安全以及漂流河段难度等级划分等内容做出了规范。以新西兰为例，该国于1997年成立了漂流协会，之后又颁布了《运输部海上交通条例（第80部

---

[1] Webb R. High, Wide and Handsome：The River Journals of Norman D. Nevills. Logan：Utah State University，2005：1．转引自赵飞，章家恩，陈丽丽．国外漂流旅游研究综述［J］．生态科学，2014（1）：189.
[2] Buckley R. Adventure tourism. Oxford：CAB international，2006．转引自赵飞，章家恩，陈丽丽．国外漂流旅游研究综述［J］．生态科学，2014（1）：189.
[3] Hall C M, Mcarthur S. Commercial white water rafting in Australia//Mercer D. New viewpoints in Australian outdoor recreation research and planning. Melbourne Marriott and associates，1994：4-6．转引自赵飞，章家恩，陈丽丽．国外漂流旅游研究综述［J］．生态科学，2014（1）：1189.
[4] 胡小明，虞重干．体育休闲娱乐理论与实践［M］．北京：高等教育出版社，2004：272.

分）》以规范漂流活动中艇筏的使用①。在许多欧美国家，户外漂流场地采取预约系统来控制人数和地点，并且禁止篝火和使用木柴，禁止打猎、捕鱼、砍伐等活动，实现对漂流区域的环境保护。

这一时期漂流运动除了在欧美国家得到普及外，亚洲、拉美及非洲国家也开始引入这项新的运动。在非洲白尼罗河（White Nile）的乌干达（Uganda）河段，新西兰旅游公司（Chimpanzee Island Sanctuary）经营了一日漂流项目②。贯穿津巴布韦、赞比亚的赞比亚河每年最佳的漂流时间为7月至次年2月③。澳大利亚的喜马拉雅探险公司（Australia Himalayan Expeditions）在澳大利亚乃至世界范围内进行海上漂流和海上划艇的经营活动。因其出色的管理和运营，还被荒野协会（Wilderness Society）嘉奖鼓励④。在拉丁美洲，秘鲁和智利由于丰沛的降水和起伏的地势，也有不少优质的漂流资源，如秘鲁的科塔华西河、智利的富塔莱乌夫河都以秀丽的景色和惊险的地理环境被漂流爱好者称赞。这一时期漂流运动的繁荣除了体现在休闲漂流运动的普及和推广外，在探险漂流方面也取得了新的突破。1992年，美俄科学家在南极附近，以冰山作为营地，尝试了为期两个月的南极漂流试验。这是人类继北极尝试漂流活动以来，在南极进行首次类似尝试⑤。2014年，瑞士探险家克劳德·阿兰和吉勒斯·亚宁在瑞士的阿莱奇冰川借助简单的浮板进行漂流，是对探险漂流运动场地的新尝试⑥。

三、中国漂流运动的发展状况

虽然我国具有悠久的漂流历史，但漂流作为一项现代体育运动，被介绍进入中国的时间却相对滞后。中国漂流运动的兴起是受到外国漂流运动的影响，在漂流运动开展的早期阶段由于对该项运动认知较浅，相关人员培训和器械准备不

---

①Cater C I. Playing with risk？Participant perception of risk and management implications in adventure tourism，2006（27）：317-325，转引自赵飞，章家恩，陈丽丽. 国外漂流旅游研究综述［J］. 生态科学，2014（1）：193.
②Ralf Buckley. Case Studies in Ecotourism［M］. London：CABI Publishing，2003（1）：40-41.
③Lonely Planet. 1000极致探险体验［M］. 北京：中国地图出版社，2015：241.
④Ralf Buckley. Case Studies in Ecotourism［M］. London：CABI Publishing，2003（1）：153-154.
⑤用南极冰山作漂流试验［J］. 航海，1992（4）：43.
⑥探险家在欧洲最大冰川"玩命漂流"，中华网 http：//news.china.com/social/pic/11142797/20141219/19127193_2.html#photos［EB/OL］.

足，因此出现了人员伤亡和财产损失的情况。中国现代漂流活动从1980年代诞生，至今已经有30余年的历史[①]。这30多年的漂流运动发展史大致可以分为四个时期：

（一）启蒙时期

1980年代是漂流运动的起步期，无论是官方还是民间都刚刚开始接触漂流运动，难以避免出现各种问题。这一阶段主要以1986年"长漂"、1987年"黄漂"为代表。这一阶段的漂流主要以接受和学习漂流运动为主，由于我国在漂流运动方面缺少经验和设备，因此这一阶段的漂流活动具有极大的风险性。以"长江首漂"为例，国内首次组织长江漂流活动源于外国探险家的刺激，在条件并不成熟的情况下仓促组织了漂流队，队员大多由没有接受过系统漂流训练的社会人员所组成。在实际漂流过程中，漂流行为也不太规范，出现"跳漂""抢漂"等违规现象。由于漂流设备较为落后，运动水平严重滞后，因此接连出现重大人员伤亡事件，即使如此长江漂流并没有立即终止，这说明活动组织管理的相对混乱[②]。"黄河漂流"也存在类似的问题，由于认知不足和组织不当，出现多支漂流队同时竞漂的情形，漂流队伍的安全保障也并不及时到位，"黄漂"也出现了重大伤亡的情况[③]。"黄漂"结束后，除了岷江、大渡河、黑龙江、塔里木河、田河、独龙河等短程漂流活动外，中国大江大河的漂流活动基本停止。从性质上而言，这一阶段的漂流活动仍属于探险漂流。由于软硬件方面皆存在缺陷，因此漂流过程险象环生，伤亡情况较为严重。"长漂""黄漂"所暴露出的问题使人们认识到漂流活动的危险性，种种问题的出现使得我国在此后的12年时间内基本终止了大型探险漂流活动。

（二）发展时期

1990年代漂流运动开始摆脱前一阶段的影响，逐渐恢复漂流活动，以1998年"雅漂""珠漂""女子长漂"为代表。有了"长漂""黄漂"的经验教训后，这一时期的漂流活动已经日趋理性。摆脱了第一阶段漂流活动的民族主义情感和

---

① 马志强. 追踪我国20年漂流运动史——探索珍贵的漂流运动资料库 [J]. 档案管理，2005（6）：96.
② 老卡. 长江漂流探险纪实 [J]. 体育博览，1987（4）：6.
③ 董海燕，马新朝："黄河漂流"对我的人生是一个改造 [J]. 时代报告，2016（1）：62.

莽撞冲动的弊端，开始较为理性地看待漂流活动本身，将漂流本身作为活动的目的和意义。从"雅漂""珠漂"的实际操作来看，这一阶段的漂流活动的组织较有条理。如"雅漂"成立"雅鲁藏布江漂流组委会"①，"珠漂"成立了珠漂水上指挥部②。这些变化说明1990年代的漂流活动组织制度上的改进。从群众反映来看，人们对于漂流活动的支持和接纳程度进一步提高。无论是身处藏区还是云南腹地，漂流队伍都得到了当地居民热情真挚的物质支持和精神支持。从设备上来看，帐篷、睡袋、冲锋衣、墨镜等保障设备已经被广泛使用。这一时期的漂流活动除了探险性质外，还具有科考性质。例如，1998年8月至9月，首支中国女子长江源科考漂流探险队在长江源头进行漂流，再次对长江源生态环境进行科学考察和记录；又如，在"雅漂"途中，探险队员发现了古冰川遗迹、古冰斗湖等极具科考价值的一手资料；再如，1999年澳门回归之际，由海峡两岸暨香港、澳门组成的黄河源科考漂流探险队对黄河源的生态环境进行考察，共同树立了"黄河源"纪念碑。在第二阶段的科考活动中，没有出现人员伤亡情况，且漂流结果和科考成果都较为突出，说明这一阶段已经开始在前一阶段的基础上有所发展，逐渐走向成熟。

(三) 成熟时期

21世纪第一个十年是漂流运动的成熟阶段，以2004年"科罗拉多大峡谷漂流"为代表。"科罗拉多大峡谷漂流"活动是中国人走出国门，参与国际漂流活动，积极征服世界著名河流的新尝试。"科罗拉多大峡谷漂流"由四川省科学探险协会筹办并组织，得到了中国科学探险协会的支持，以及美国探险机构美国大地探险科学公司、美国香格里拉江河探险公司、美国亚利桑那漂流探险公司的合作。除了开展漂流活动外，双方还就商业漂流的开发经营等事项进行了交流和探讨，这些交流活动为我国开发多层次的商业漂流活动奠定了良好的基础。与1980至1990年代的漂流探险活动相比，20世纪初的探险漂流对于漂流运动的认知程度明显加深，漂流难度等级的认知、安全管理、后勤保障等方面都有了明显提高，并且借助先进的电子设备对漂流区域的地图、水文、气象等信息进行了搜

---

①张涛，廖仲行．雅鲁藏布江漂流纪实 [J]．外向经济，1999 (6)：39.
②李保欣，窦红宇，张明翔．目击珠江漂流 [J]．水利天地，1998 (5)：30.

集[1]。海外漂流活动的组织对于扩展中国漂流队的运动水平，加强与国外漂流组织和人员的沟通以及加深对海外漂流运动的理解都有一定的帮助。目前，探险漂流活动已经从一无所知到有所了解，直到走出国门加强国际合作，可以看出国内对于漂流运动的认知水平在不断提高。

（四）推广时期

21世纪以来第2个10年是漂流运动的快速发展阶段，漂流运动作为一项休闲体育项目得到了广泛推广和普及。经过30多年的摸索和尝试，人们对于漂流这项现代体育运动的了解和认知不断加深，漂流活动已经从单纯的探险漂流逐渐向休闲漂流过渡。与探险漂流相比，休闲漂流活动具有组织性强、危险度低、普及度高以及经济效益明显等特点。随着漂流运动安全保障性不断提高，参加人数也迅速增加。从探险漂流向休闲漂流逐步过渡，说明人们对于漂流活动的认知水平不断提高，另外也是在旅游经济快速发展的背景下休闲体育行业蓬勃发展的证明。截至2010年的统计数据，全国目前共有610余处漂流旅游景区。虽然漂流景区的数量众多，但分布并不均衡。从地理分布上来看，东部和中部漂流景区分布较为集中，两个地区漂流景区的数量上相差无几，大约都在260余个，占比均超过42%。西部地区数量明显较少，大约80余个，占比约14%；从省份分布来看，浙江、广东、湖南三省分布的漂流景区最多，分别达到了15%、10%和9.8%；从城市分布来看，漂流景区主要集中在"长三角"城市群和"珠三角"城市群。上海和江苏虽然因为地形和河流分布等原因无法形成天然的漂流景区，但浙江宁波等地却因星罗棋布的河湖景为该地区的漂流活动提供了场地，"珠三角"的漂流景区主要集中于有"广州后花园"之称的清远地区。宁波和清远的漂流景区均有20处以上的漂流地点，在全国地（市、州）中列于前位[2]。这些数据说明休闲漂流运动正在相当迅捷地推广，休闲漂流比探险漂流在环境的可控性、装备的完备性、救援的保障性等方面更加具有优势。2016年对于中国漂流运动发展而言具有重要意义。2016年5月在青海玉树成立了"国家高原漂流培训基地"，该培训基地是国家体育总局水上运动中心与地方体育局在漂流项目上的新合作。除了政府大力支持漂流运动外，民间也积极开展商业性的漂流培

---

[1] 吕忠荣. 中国人首漂科罗拉多大峡谷 [J]. 大自然探索, 2005 (8): 12.
[2] 黄华, 付磊, 明庆忠. 我国漂流旅游景区的空间分布研究 [J]. 资源开发与市场, 2012 (5): 463.

训。同年 6 月，在猛洞河地区成立的漂流学院可以看作是商业资本介入漂流培训的案例[①]。尽管此项运动得到越来越多的青睐和推崇，但相关的管理和人员培训还有待进一步提高。如果能妥善解决好技术、管理、培训等相关问题，相信休闲漂流活动会进入良性的发展周期，从而真正推动这项体育运动的普及和提高。

第二节　漂流活动的分类

漂流作为一项水域活动，与其他的水域运动一样，具有明显的专业性和独特的知识结构。这项运动的专业性体现在不同类型的漂流活动所需的专业知识差异。在开展漂流活动之前，要了解漂流活动的类型和等级。对漂流活动本身有更多了解，更能享受漂流活动带来的乐趣，避免各种意外情况的发生。漂流活动的分类有不同的标准，既可以按照漂流目的进行分类，也可以按照激流的等级进行分类，还可以根据漂流水道的改造情况进行分类。当然，漂流活动的分类远不止上述三种，例如，可以根据漂流的距离分为长漂、中漂和短漂。所谓长漂指的是漂流距离在 10km 以上，这种漂流由于水况复杂，因此较为惊险刺激，适合有冒险精神的年轻漂流爱好者；短漂在 5km 以内，通常这种漂流由于距离较短，会选择水势较缓、安全性较高的河段进行；中漂介于短漂和长漂之间，距离在 5km～10km 之间，适合完成短漂后仍然想继续尝试的漂流者。此外，还可以根据漂流的时间分为白天漂流和夜间漂流等。

一、按照漂流目的来划分

以漂流目的为标准，漂流活动大致可分为三类：探险类漂流、休闲类漂流和竞技类漂流。

（一）探险类漂流

这类漂流活动主要以探索未知领域、发现新的自然环境、科学考察未知的水域环境为目的，这一类漂流活动除了了解漂流区域的水域环境外，还对相关区域的地质地貌、动植物状况、人文遗迹等加以考察和研究。由于这一类漂流地区大

---

① 红网．http：//hn.rednet.cn/c/2016/06/18/4011798.htm［DB/OL］．2016-06-18．

多人烟罕至，因此危险系数也较高，在漂流活动中可能会出现人员伤亡情形。由于这种类型的漂流较为危险，因此需要进行相当的专业技能训练和具备专业的配套设备才能够进行。

（二）竞技类漂流

这类漂流主要以体育竞技为目的，强调运动的速度、技巧及综合运用能力。体育项目主要包括竞速比赛、花样比赛、激流皮划艇、激流回旋、漂流拉力赛等。这种漂流以竞赛的形式进行，比赛按照一定要求，通过计算时间来判断名次。这类漂流运动以竞技为目的，因此大多是在人工场地或经过改造的自然环境下进行，安全性较高、观赏性也较强，这类竞技类漂流对于推广漂流运动具有较高的传播价值。

（三）休闲类漂流

休闲类漂流是在前者的基础上得以论证，选择出适宜的河段，以经营为目的的商业性漂流。休闲娱乐类漂流，也就是指商业性漂流，一般来讲，有惊险刺激的探险，也有娱乐消遣的水上旅行。但几乎所有的漂流目的都不是单一的，游客漂流在不同的水道环境中，既可以领略到不同的文化、地貌、地域独特的自然风光，又可以体验到水流速度带来的惊险刺激。例如，智利南部的河流，被青山绿水环绕，阳光普照，游客漂流其中是一种轻松的享受；秘鲁的可卡河峡谷，没有一点绿色植物，但可以感受到在黄褐色的泥浆中漂流的刺激；非洲赞比亚、坦桑尼亚的漂流，是在天然原始的野生世界中穿行，每天都能近距离接触到各种野生动植物；中国的青藏高原，不仅有很多气势恢弘的河流，神秘的藏族文化也非常引人入胜，漂流其中可以感受其丰富的人文景观。

二、按照漂流的难度进行划分

以《体育场所开放条件与技术要求（漂流场所）》为主要难度依据，漂流活动可以分为6个等级。

一级：水流平缓，浪很小且有规律，通道清晰可辨，障碍很少，基本无须操控。只需要预防从上游漂下来的可能成为障碍的漂流物。对游泳者不构成很大危险，自救容易。

二级：初级难度。浪中等且有规律，很容易判定，最高不超过1m。浪比较宽，形成明显通道。很低的暗礁或跌水，很缓的弯道。通道清晰可辨，虽然有岩石或伸出的灌木，但并不成为障碍。需要具有躲避岩石、弯曲的河岸以及其他障碍物的简单技巧。身上会溅上水花。游泳者很少受伤，有时需要援助小组的帮助。

三级：中级难度。水流较急。连续或成组的较高的浪（1~2米），浪不规则，可能有时难以避开，会使漂流艇进水。有较急的漩涡、暴露的岩石和小的瀑布，但属于可以冲过去的或可以躲开的。通道较难辨认。在河道狭窄处需漂流者很好地控制艇并做一些复杂的动作避开障碍。会全身湿透。建议除了最有经验的漂流者可以直接漂流外，其他的人应该事先侦察。

四级：难度较大。浪高且有力。翻腾的漩涡和漩涡形成的"水洞"变化无常，需要在有漩涡的水流中准确地控制艇。较大的障碍物、暗礁、跌水和危险的暴露的岩石无法逾越，必须躲开。如果落水会有受伤的危险。第一次试划时要侦察水流，需要有精确、有序的操作技巧，需要漂流者在有压力的情况下做较快的动作。会全身湿透。游泳者受伤的可能性中等，自救比较困难，需有经验的救援小组帮助。

五级：专家级。水流湍急。有很难逾越的变化无常的大浪、大的跌水、突然的转弯、大的障碍物和急的漩涡。漩涡可能很小，但旋转力很强。急流持续距离很长。水流路线复杂，可能是几种复杂地形相结合。在主要水流中有很多障碍物。对最有经验的漂流者来说，都已经是非常具有挑战性了。要求漂流者有强壮的体魄，有综合的、精湛的操作技巧。翻船和受伤的风险极大，对航行的限制和事先的侦察是必须的。游泳很危险，救援对于专家来说也很困难。

六级：极度困难。就像从尼加拉瓜大瀑布上翻下来。在猛烈的、变化无常的水中，基本上不可能控制漂流器具。有许多不可预知的困难，对游泳者有极大的生命威胁，可能无法救援。只有极少数专家可以尝试，需找较缓和的水流部分，或只限在某种适当的水位才能漂流。要经过严密探查，采取一切保护措施。

三、按照漂流水道的改造程度划分

以漂流水道的形成特点为标准，漂流的场所可以分为三种类型：自然水域漂流水道、人工改造漂流水道、人工建造漂流水道。

（一）自然水域漂流水道

该漂流路线不对自然环境进行改造，完全按照水道、河滩的自然状态选择某一段水道进行漂流。这种漂流场所由于保留了较多的原始风貌和特点，因此开展漂流活动时的危险性较高，但同时也具有较高的观赏性和趣味性。这种水道适合具备一定的水域救生能力和漂流经验的人员，没有上述能力的漂流人员需要谨慎对待。

（二）人工改造漂流水道

该漂流活动的水道，经营者对可能影响安全的区域进行改造，或者为了增加景区的观赏性增建一些设施，例如，在急弯、落差较大的区域进行修改，或者人工开凿山洞以制造新的景点等。这些漂流场所一定程度地保持了水道的自然状态，另一方面对漂流风险进行了有效控制，因而受到普通大众的欢迎和认可。

（三）人工建造漂流水道

该类漂流是企业根据规划，完全通过人工建造漂流场所来进行的漂流活动。人工建造的水道没有自然环境的危险性，主要是人造的可控风险。由于采取人工建造的方式，因此场地不限于砂石，而更多采用聚氯乙烯（PVC）、可发性聚乙烯（EPE）或碳钢等。除了地面水道外，人工水道还可以高架空中，颜色也较为丰富，因而主要针对青少年设计与使用。

第三节　漂流救援概述

一、漂流救援的概念及影响因素

（一）概念

漂流救援指的是救援者针对漂流活动过程中出现的意外事件，为降低人员受伤的情形或者减少财产损失而采取的措施。漂流救援活动对于保障漂流活动正常进行，保障漂流人员和救援人员的人身安全都具有十分重要的意义。漂流救援与陆上救援、游泳池救援、江河湖海救援等不同环境的救援方式相比有所不同，是一套技术较为独立的救援系统。

(二) 影响因素

漂流救援与其他救援具有一定的区别，主要是由以下多种因素决定：

1. 地形独特

漂流活动场所一般在落差较大的涉水区域，水道两侧及水下障碍物多，漂流活动过程容易受到地形的影响。

2. 水流较急

漂流活动主要是以水流为动力，由于水道变窄或短距离内落差较大，在某些地段水流速度较大，这给漂流活动带来一定的安全隐患。

3. 弯道较多

漂流水道受地形的影响会有多处急转弯的区域，如果该处水流过于湍急，往往会导致翻船、碰撞甚至人员被抛甩出艇筏的情况发生。

正是因为漂流场所特殊的地形和水流特点，决定了救援人员在准备和实施救援过程中，需要更为专业的准备和处理。一方面在准备救援的过程中，救援人员的防护设备较之其他水域救援更多。漂流救援人员在复杂的水域及周边环境下实施救援，必须首先保护好自己，因而在其他水域不需要的装备在漂流救援中成为救援人员的标准配置；救援器械种类复杂，除了如救生圈、救生杆等一般水域救援器械外，在某些复杂情形下还需要使用如救生板、救生艇筏等特殊救援器械。另一方面，在实施救援的过程中，救援人员要综合考虑多种技术，进行比较权衡，果断地决定最佳救援方案，实施救援行动；由于漂流场地地形复杂，因此救援对象伤害情况也各不相同，既可能出现外伤，如擦伤、裂伤、切伤等，也可能出现内伤，如挫伤、扭伤、骨折等，这些漂流伤害的处理方式也有所不同。

二、漂流救援的特点

正是因为活动场地的特殊性和救援手段的复杂性,因此与其他水域救援相比,漂流救援具有以下特点。

(一) 紧急性

漂流救援是一项对时间要求较为严格的救援活动,漂流救援的紧急性体现在漂流活动的各个环节中。它不仅体现在落水后的及时施救,还体现在岸上面对各种情况的及时处理。因此,救援人员需要时刻注意漂流人员的动态,随时关注是否有异常情况发生。落水时施救的紧急性主要是因为人在涉水环境中活动都具有一定的危险性,这与人在水中生存的时间限制有关。通常而言,大脑若缺氧4分钟以上,将产生不可逆的伤害。一旦发生漂流人员倾覆落水的情况,需要及时做出施救反应。由于漂流人员水性基础各不相同,出于人员安全起见,采取快捷的救援反应更有利于防止意外状况的发生。在救援过程中,不同位置的落水者的紧急等级有所不同。水面落水者高于水底溺水者,无救生工具者高于有救生工具者,多人落水的情形高于单一落水的情形。救援者在观察实际情况后,需要迅速做出判断,制订救援方案。必要时,救援人员还需要向同伴或上级请求援助和支持。

漂流救援除了及时对落水者采取措施外,当溺水者被打捞上岸后,针对身体状况的差异也有不同的后续处理方法。当落水或沉底人员被救后意识模糊或完全无意识,救援人员需要采取紧急第一反应(EFR)。紧急第一反应主要指遇到危险情况时如何对受伤人员进行基本的伤害处理和救护,包括心肺复苏术(CPR)、自动外部去颤器(AED)的使用、严重失血处理、休克处理、脊椎受伤处理、紧急氧气使用等内容。正确采取紧急第一反应(EFR),不仅有利于挽救伤者生命,而且也会让整个救援行动变得更加高效。除此之外,在漂流活动中漂流人员还会出现各种身体意外,如心脏病、恐慌、擦伤等。因此,这些情况的发生都需要救援人员及时做出反应和处理。

(二) 综合性

漂流救援的过程是各种水域技能、救生技能的综合运用。不仅涉及蛙泳、自由泳等游泳技术的运用,还涉及急救、运输等其他辅助技术。单就救援技术而言，可以分为基础救援技术与高级救援技术。基础救援技术主要包括救生浮标、救生绳、救生绳包、救生圈、救生杆等工具的使用；高级救援技术更为复杂，除了熟练掌握各种游泳技能和基本救生工具外，还需要学会借助救生板救生、驾驶救援艇筏以及潜水搜寻打捞等技术。即使在紧急情况下无法借助救生工具进行徒手救援，也需要综合考虑如何入水、接近、解脱、拖带、靠岸、上岸等环节，这些环节均有专门的要求和程序。

当被救对象被打捞上岸后，接下来的急救环节也是对救援者综合能力的考察。因为伤害等级的差异和受伤部位的不同，救援者在处理受伤部位的程序上也各不相同。通常将漂流活动伤害分为3个等级：轻度、中度和重度。除了对漂流伤害进行等级划分外，还将常见的伤害类型分为十余种情形，如擦伤、裂伤、挫伤、扭伤、出血、脱臼、中暑、休克、骨折、溺水等。不同的漂流伤害的等级不同，处理的方式需要相应调整。即使是同一种伤害类型，也可能因受伤部位和创面大小而存在处理方式的差异。对不同漂流伤害的判断和处理，一方面来自良好的培训，另一方面也来自经验的积累。面对同一情形，处理恰当者和处理不当者可能采取完全不同的处理方式。因此，在救援过程中需要强调专业训练的重要性和积极主动的学习精神。

（三）恰当性

漂流救援技术除了综合性的要求外，还要求处理恰当。即使救援人员熟练掌握各项救生技术，但由于处理不当或处理顺序不合理，也会导致救援行动失败或者救援对象的二次伤害。恰当的处理方式需要考虑救援对象的年龄、性别、数量、体重、沟通有效性、心智状态等综合因素。救援人员能否对被救对象进行迅速有效的判断，会影响救援的效果。例如，婴儿和儿童在进行心肺复苏时的处理方式就与成人有所不同。对于心脏骤停的婴儿和儿童应提供胸外按压和人工呼吸联合的心肺复苏术（CPR）。对婴儿进行心肺复苏时，以每分钟100~120次的速率进行胸部按压，按压深度约为胸腔深度的1/3——至少4厘米，在按压时使用食指和中指进行按压；对儿童进行心肺复苏时，以每分钟100~120次的速率进行胸部按压，按压深度为胸腔深度的1/3——至少5厘米，在按压时可将单手掌根放在胸部中央进行[1]。如果单手无法达到胸腔1/3处，则采用双手胸部按压

---

[1] 美国心脏协会（AHA）心肺复苏指南（2017版）[EB/OL]. https：//eccguidelines.heart.org.

(成人 CPR)。除了年龄的因素外,体重状况在救援过程中也是需要考虑的状况。如果救援对象体重超出正常范围内,则在徒手救援技术的拖带和上岸环节需要多人协助完成。心智状况是否清醒也是在救援过程中需要考虑的因素,如果被救对象已经出现心智迷糊,则无法通过抛掷救生绳、救生圈等器物帮助被救对象上岸,这时可能需要采取人工或艇筏的方式进行救援。除了以上列举的方面外,恰当的救援行为还有诸多细节需要注意。如在使用救生杆时不能捅戳溺水者,在抛掷救生绳包之前要理顺绳包内的绳索顺序,在接近被救对象时需要大声呼唤判断其意识状态等,这些细节看似微小,但并非是可以忽视的细节。

三、漂流救援的意义

漂流活动近年来在我国发展迅速,成为群众进行户外消遣、娱乐活动的主要选择之一。在漂流活动中,漂流救援的目的在于预防安全事故的发生,在意外发生时能够安全、及时地开展救援行动,将事故的影响降到最低程度。但在商业性的漂流活动项目迅猛发展的同时,由于各企业经营水平良莠不齐,加之政府监管不到位等原因,制约了漂流活动的进一步健康发展。其中,对漂流过程的安全监管与救援是较为突出的一面。在漂流运行活动中,救援具有十分重要的意义,主要表现在以下方面。

(一)漂流救援能够对社会稳定、减少事故发生起到关键性的作用

随着我国经济的发展,民众对休闲生活要求越来越高,而对娱乐活动中产生的各类伤害或事故的容忍度却越来越低。健全的漂流救援可以大幅度地减少各类事故的发生,为民众的体育休闲活动安全提供有力的保障。

(二)漂流救援能够提高企业的形象

企业在发展壮大的过程中,必须有正面积极的良好形象。漂流救援的规范化,能够有效地降低事故发生的机率,建立企业规范化的管理,提高企业在社会认识方面的正面形象,促进企业健康发展。

(三)漂流救援可以使企业得到可持续的发展

每一次安全事故的发生,除了给当事人及其家属带来各种伤害外,也会给企

业带来形象、利润等多方面的损失。企业的可持续发展，离不开其赢利的能力。事故频发的企业将极大地削弱企业的盈利空间，甚至会造成企业的亏损，严重时将可能导致企业的倒闭。漂流救援的规范化，能够将安全事故造成的各种损失降到最低，提升企业可持续发展的能力。

（四）漂流救援可以降低事故发生时对民众的伤害

漂流救援并不只是事后的救援行动。从广义上来讲，漂流救援工作包括前期项目安全的评估、各类安全隐患的排查、漂流活动的监控以及事故的救援四大部分。做好漂流救援工作，能够最大程度地减少各类安全事故的发生。即使发生事故，漂流救援也能够有效地减少事故对受害人员在精神和身体上造成的伤害。

漂流活动虽然是集刺激、教育、娱乐等多功能的一项活动，不能忽略的是该项活动具有高度危险性，2013年漂流活动已经被广东省被列入高危项目。所有漂流活动的开展，均需要实施事前的审批手续，以保证漂流的健康发展与公众的人身安全。漂流活动能否得到健康的发展，漂流救援的规范化是其中关键的一环。

第二章 漂流游泳技术

　　漂流游泳技术指的是根据漂流水域的特点，使人能够在漂流水域进行活动的游泳方法。由于人长期生活在陆地上，适应了陆地的行为和呼吸方式。当我们进入漂流水域后，许多在陆地上长期形成的习惯行为在水中无法运用。人是通过肺部呼吸空气的，不能像鱼一样使用腮在水中进行呼吸，因而针对漂流水域的特殊环境，人们需要采用专门的方法才能在漂流水域中保障正常的呼吸与自由活动。依据漂流活动的需要，常见漂流水域使用的游泳技术包括蛙泳、反蛙泳、侧泳、爬泳、抬头爬泳、潜泳及踩水等。

　　漂流水域的游泳技术指人们在长期的生活、生产、竞技活动中总结出来的、适应漂流水域活动特点的游泳方法。对自然水域游泳技能进行了选择和提炼，该方法对漂流救生员的游泳技能需要和专业特点加以综合运用。了解漂流水域的游泳技术对于保障漂流活动的安全性，及时有效地处理安全事故都具有非常重要的意义。

第一节　漂流游泳技术概论

　　漂流游泳技术指的是救援人员根据漂流水域特点，在确保自身水中活动安全的前提下，迅速接近遇险人员并开展救援活动的一系列游泳方法。漂流环境的特点使得从事漂流安全监管与救援工作的各类人员，必须学习在漂流水域自由活动的各种技能。这种技能对于长期生活在陆地上，适应了陆上的行为模式和呼吸方式的人群而言具有一定的挑战性。开展漂流救援活动之前，救援人员需要掌握基本的游泳技术，没有熟练的游泳技术连自救都谈不上，更遑论开展系统的救援活动。

一、漂流游泳技术的功能

游泳技术在漂流救援活动中起着非常重要的作用，是开展各项救援活动的基础和前提。主要体现在以下两个方面。

（一）自由活动的能力

针对水域的特殊环境，采用漂流游泳技术的方法，能够保障救援人员在漂流水域中不受环境影响；能够在不同漂流水域环境中自由活动，这对正常开展救援行动提供了前提条件。一般来说，常见漂流水域使用的游泳技术包括蛙泳、反蛙泳、侧泳、爬泳、潜泳及蹼泳等。不同的游泳方法具有各自的功能，在开展漂流救援行动时救援者需要根据具体场地条件和救援行动的需要灵活使用，确保救援人员和被救对象的人身安全，保障救援行动顺利有序地开展。

（二）快捷救援的能力

漂流游泳技术除了可以保障救援人员水中自由活动，降低水域活动伤害的功能外，还能够帮助救援人员依据救援对象及现场的具体情况采取不同的救援方案，为救援者迅速寻找、接近、控制及拖带遇险人员提供有效的途径。例如，在水中接近挣扎中的遇险者时，蛙泳技术可以帮助救援者进行近距离观察，选择与遇险者接触的方式，最大程度地降低救援过程的风险。

二、漂流游泳技术的分类

（一）漂流游泳基本技术

此类游泳技术是漂流救援技术的基础，许多漂流救生技巧均建立在熟练掌握这些基本游泳技术的基础上。此类技术能够确保救援人员在水中能够全方位地观察、灵活地活动和快速地位移，在各种情况下保持正常的呼吸。漂流游泳基本技术包括蛙泳与爬泳两种。

蛙泳能够使水中人员保持正常的呼吸，同时方便救援人员对水域的环境状况及遇险者进行动态观察并与遇险者交流，及时发现新出现的各类问题，为救援过程的自我保护与采取的行动方案提供及时的信息来源。同时，改良的蛙泳也成为潜泳游进的最佳选择之一。水中拖带遇险人员所采用的反蛙泳腿技术也是在蛙泳腿技术的基础上改进完善而来的。与此类似，侧泳的腿部动作也离不开蛙泳的腿部技术。

爬泳与其他游泳技术相比，鲜明的优势在于它的速度性。爬泳在所有泳姿中游进速度最快。在漂流救援过程中，时间是第一位的。当意外发生后，救援的首要任务是将遇险者迅速救离危险水域，爬泳在这方面能够满足这一要求。同样，爬泳也是其他救援游泳技术的基础。例如，为接近遇险者所采用的抬头爬泳就是在爬泳的基础上改进而来的；为迅速拖带遇险者而使用的浮标救援也常常使用爬泳技术；在某些地段使用潜水游泳技术时，为避免救援风险，爬泳腿的技术也往往是潜泳腿部动作的选项之一。

（二）漂流游泳衍生技术

如果说漂流游泳基本技术用于救援过程快速游进环节的话，那么衍生技术则在近距离观察、接近、防卫、打捞、拖带等环节作用明显。漂流游泳衍生技术主要有踩水、侧泳、反蛙泳、潜泳、抬头爬泳等，这些技术主要用于户外的各类漂流救援行动。漂流救援的特点是水域情况复杂，面对复杂的水域环境与遇险者不断变化的状况，救援人员需要在救援行动过程中随时观察周围环境、遇险者及同伴状况，及时调整自己的行动方案。以上列举的衍生游泳技术能够在救援活动的不同阶段发挥作用。具体而言，漂流游泳衍生技术可以在以下三个阶段使用。

1. 救援者游向遇险者阶段

在这一阶段使用抬头爬泳或抬头蛙泳能够使救援者在游动过程中眼睛保持在水面上，保证救援人员在游进过程中能及时观察待救者的状况与水域环境状况，依据遇险者位置、地形、水流、水中障碍物的实时情况，及时调整游进线路，确保救援者安全快速地到达救援地点。这两种游泳技术在救援过程中运用的差异在于，抬头爬泳速度较快，多在游程距离较远、水域情况清楚或游出急流的情况下使用；抬头蛙泳速度较慢，但较为节省体力，能够对水域或遇险者新出现的情况做出及时反应，因而更多地在危险区域观察及近距离观察遇险者的情况下使用。

2. 救援者接近并控制遇险者阶段

在救援者到达救援地点后，踩水可以帮助其对水面清醒的遇险者具体状况进行有效观察，能够依据突发的情况做出各种防卫动作，并可以通过语言或其他方式安慰遇险者，减少因恐慌所导致的救援风险，从而确定最佳的接近控制方法。如果遇到水下的遇险者，救援者可以通过潜泳进行有效搜寻。潜泳技术的好坏决定了搜救时间的长短，这对于救援水下遇险者而言至关重要。对于徒手救援人员来讲，该阶段面临的风险较大，不当的救援技术会给救援者自身带来更多的风险。如果采用不正确的踩水技巧观察被救对象的情况，或者使用不正确的潜泳技巧迅速地对溺水者进行定位都可能使得整个救援行动失败，甚至给救援者自身带来生命危险。

3. 救援者运送遇险者靠岸（船或接应地点）阶段

在这一救援阶段，侧泳及反蛙泳技术能够使救援者有效控制和运送遇险者。根据实际救援情况，使用或不使用器械以及使用不同的救援器械来运送救援对象。

三、漂流游泳技术的特点

虽然漂流游泳技术与其他游泳技术相比具有许多相似之处，但漂流游泳技术并不完全等同于一般的游泳技术。漂流游泳技术具有自身的特点，这主要体现在以下方面。

（一）目的性更强

漂流游泳技术的根本目的是为了将处于流动水域环境中的被救对象迅速地带离该环境，这一点显然与休闲游泳或竞技游泳的目的不同。休闲游泳技术主要出于休闲活动、锻炼身体的目的，而竞技游泳则强调速度，名次和奖牌是拼搏的动力。与前两者相比，漂流游泳技术更注重的是满足救援任务的需要，采用的各种游泳方法依据实际救援行动的需要来选择。

（二）灵活性更高

漂流游泳技术主要是为了满足救援活动的需要，因此采取何种游泳技术完全取决于当时的救援环境和救援对象。救援人员需要随时根据水流、人员、场地等因素综合运用各项游泳技术。在实际救援过程中，需要秉持一定的救援原则，不存在某一游泳技术一贯到底的做法，因此这对于救援者的综合游泳素质提出了较高的要求。

（三）紧迫性更强

与一般的休闲游泳技术不同，救援游泳技术的紧迫性更强。在实施救援的过程中，救援者和被救者随时都可能遇到各类危险，在确保救援者自身安全的前提下解除被救者的危险状况并将其带出危险区域是救援活动需要考虑的首要原则，休闲游泳中的闲适与惬意显然不适合救援游泳技术。竞技游泳比赛中的紧迫与救援游泳中的紧迫也差异明显，前者以竞速为目的，而后者则以安全、快捷为前提。救援游泳将安全放在首位，同时兼顾速度，这是救援游泳与其他游泳的区别之处。

第二节　漂流游泳主要技术

漂流游泳技术与常见的游泳技术相比，既有相通之处又存在明显差别。相同之处在于二者的基本技术要点是一致的，差异之处在于由于漂流环境的特殊性，有一些游泳技术在漂流救援中更加贴合工作实际，可称为漂流游泳主要技术，例如蛙泳、爬泳等；有一些游泳技术可以作为辅助技术来完成漂流救援行动，例如踩水、反蛙泳、侧泳、潜泳等。

一、蛙泳

蛙泳是最古老的游泳方式之一。在长期的生产劳动过程中，人们根据观察，模仿动物的动作进行学习，掌握了蛙泳技术动作，从而获得了在水中自由活动的能力。蛙泳是自然水域中最为常用的游姿，其他泳姿都是在蛙泳技术的基础上发展演变而来的。蛙泳是实用价值较高的游泳技术，蛙泳技术有许多其他泳姿所不具备的优点。首先，蛙泳游动时较为省力，有利于长时间在水域进行活动；其次，蛙泳游动时头部露出水面时观察的视野较广，有利于观察水域及周边人群的状况，在水域救援时可以方便地对遇险者进行观察和搜寻；再次，蛙泳游动时游泳者头部可以长时间暴露在水面之上，有利于同伴之间的信息交流及在救援时对溺水者进行实时监控。由于蛙泳以上的优点，因而在自然水域游泳及救援中有着重要意义。

（一）蛙泳技术要领

1. 蛙泳身体位置

蛙泳是一种以模仿青蛙的行进方式为特点的游泳方式。蛙泳在运动时身体呈俯卧姿势，在游动的过程中身体绕着横轴上下起伏。在漂浮滑行时，蛙泳的身体体位几乎成水平姿势俯卧在水中。在划手收腿时，头部露出水面，身体上部由水平体位逐渐抬起形成前倾，头微抬起；在低头伸手蹬腿时，身体上部由前倾逐渐回到原先漂浮滑行时的水平体位。

2. 蛙泳腿部技术

蛙泳腿部的动作是掌握蛙泳技术的基础，蛙泳前进的动力大部分依靠蹬腿来实现。蛙泳腿的技术主要分为收腿、翻脚、蹬夹、滑行（漂浮）四个环节。前人对蛙泳腿技术动作描述编成如下口诀进行："边收边分慢收腿，向外翻脚对准水，弧形向后蹬夹水，伸直并拢漂一会"。动作节奏强调慢收腿，向后蹬夹腿时速度由慢到快。

3. 蛙泳手部技术

蛙泳手臂动作是同时在水面下进行的，蛙泳手部技术可分为抓水、划水（外划与内划）、前伸3部分，前人对蛙泳手技术动作描述编成如下口诀进行："分手比肩稍微宽，两臂侧下向后划，向内旋肘伸前方，伸直并拢漂一会。"

4. 蛙泳手与呼吸的配合

蛙泳手与呼吸的配合在初学者中主要是采用早呼吸技术，动作配合的技术要领是划手时抬头张口吸气，低头伸手时呼气。由于该技术能提供较长的吸气时间，因而在初学蛙泳时常常被广泛运用于教学。呼吸是蛙泳教学的难点之一，在教学时需要强调低头伸臂时慢呼气，在划臂抬头时张口快吸气。

5. 蛙泳手与腿的配合

蛙泳手腿的配合按照如下流程进行，"划手腿不动—收手收腿—先伸胳膊再蹬腿"。配合上强调在任何时候必须按照先划臂后收腿，先伸臂后蹬腿的动作节奏来完成，每个动作周期完成后有一个漂浮滑行的阶段。动作配合一般是一次划臂、一次呼吸、一次蹬腿的节奏。

（二）蛙泳技术学习方法

1. 蛙泳腿的技术学习

（1）蛙泳腿的陆上练习

蛙泳腿陆上练习一般先采用仰坐姿势练习，然后采用俯卧姿势练习。该练习次序的特点是在视觉的帮助下建立正确动作的技术感觉，然后过渡到无视觉帮助下完成正确动作的练习。练习步骤如下：

①练习者坐在地上，上体后仰，两手后撑地上。从两腿伸直开始，做两脚脚腕旋转练习，体验勾脚尖与绷直脚尖的感觉。

②练习者身体姿势同上，两眼要看着脚部，脚跟着地做蛙泳腿的收、翻、蹬、夹动作（图2-2-1）。

图 2-2-1

③练习者俯卧在凳子或出发台上做蛙泳腿的收、翻、蹬、夹动作（图2-2-2）。

图 2-2-2

(2) 蛙泳腿的半陆半水练习

①练习者坐在池边,上体后仰,两手后撑地上,两脚并拢伸直在水面上。从两腿伸直开始,两眼要看着脚,做蛙泳腿的收、翻、蹬、夹动作(图2-2-3)。

图 2-2-3

②练习者俯卧在池边,腹部以上在岸上,两手伸直并拢放于地上,两脚并拢伸直在水面上。从两腿伸直开始,做蛙泳腿的收、翻、蹬、夹动作(图2-2-4)。

图 2-2-4

(3) 蛙泳腿水中有固定支撑练习

①练习者双手伸直扶池边，在同伴的帮助下平卧水面。从两腿伸直开始，做蛙泳腿的收、翻、蹬、夹动作（图2-2-5）。

图 2-2-5

②把背漂绑在腰部，双手伸直扶池边，在背漂的帮助下平卧水面。从两腿伸直开始，做蛙泳腿的收、翻、蹬、夹动作（图2-2-6）。

图 2-2-6

③练习者双手伸直扶池边，在无任何浮具的帮助下，从两腿伸直开始，做蛙泳腿的收、翻、蹬、夹动作（图2-2-7）。

图 2-2-7

(4) 蛙泳腿水中无固定支撑练习

①练习者双手伸直扶着打腿板,把背漂绑在腰部,在背漂的帮助下俯卧水面。从两腿伸直开始,做蛙泳腿的收、翻、蹬、夹动作(图2-2-8)。

图 2-2-8

②练习者双手伸直扶打腿板,俯卧水面,无背漂帮助。从两腿伸直开始,做蛙泳腿的收、翻、蹬、夹动作(图2-2-9)。

图 2-2-9

(5) 蛙泳腿水中无支撑练习

练习者吸一口气,憋气平卧水面,无背漂和浮板及其外力的帮助,做蛙泳腿的收、翻、蹬、夹动作(图2-2-10)。

图 2-2-10

2. 蛙泳手部动作技术学习

(1) 蛙泳手的陆上练习

练习者站立在地上，上体前倾，两手向前伸直并拢，做蛙泳手抓水、划水（外划与内划）、前伸的分解与完整的技术动作（图 2-2-11）。

图 2-2-11

(2) 蛙泳手的半陆半水练习

练习者俯卧在池边上，腋下部分在岸上，两手与肩部在水面上，做蛙泳手抓水、划水（外划与内划）、前伸的分解与完整的技术动作（图 2-2-12）。

图 2-2-12

(3) 蛙泳手水中有固定支撑练习

练习者站立在齐腰深的池底上，上体前倾，两手向前伸直并拢，做蛙泳手抓水、划水（外划与内划）、前伸的技术分解与完整动作（图2-2-13）。

图 2-2-13

(4) 蛙泳手水中无固定支撑练习

练习者利用浮具的支撑（两腿夹板），憋气在水中俯卧做蛙泳手抓水、划水（外划与内划）、前伸的技术动作（图2-2-14）。

图 2-2-14

(5) 蛙泳手水中无支撑练习

练习者在没有任何浮具帮助的情况下，猛吸一口气，憋气平卧水面。在水中做蛙泳手抓水、划水（外划与内划）、前伸的技术动作（图2-2-15）。

图 2-2-15

3. 蛙泳手与呼吸配合技术学习

（1）蛙泳手与呼吸配合的陆上练习

练习者站立在地上，上体前倾，两手向前伸直并拢，做蛙泳划手时抬头张嘴吸气，伸手低头呼气的分解与完整的技术动作（图 2-2-16）。

图 2-2-16

（2）蛙泳手与呼吸配合的半陆半水练习

练习者俯卧在游泳池边，腋下部分在岸上，两手与肩部在水面上，做蛙泳划手时抬头张嘴吸气，伸手低头时把脸没入水中呼气的分解与完整的技术动作（图 2-2-17）。

图 2-2-17

（3）蛙泳手与呼吸配合技术水中有固定支撑练习

练习者站立在齐腰深的池底上，上体前倾，脸没入水中，两手向前伸直并拢。做蛙泳划手时抬头张嘴吸气，伸手低头时把脸没入水中呼气的分解与完整的技术动作（图2-2-18）。

图 2-2-18

（4）蛙泳手与呼吸配合技术水中无固定支撑练习

练习者利用浮具的支撑（两腿夹板），在水中俯卧做蛙泳划手时，抬头张嘴吸气，伸手低头时把脸没入水中呼气的完整配合技术动作练习（图2-2-19）。

图 2-2-19

（5）蛙泳手与呼吸水中无支撑练习

在没有任何浮具帮助的情况下，练习者利用蹬蛙泳腿的支撑，在水中俯卧做蛙泳划手时抬头张嘴吸气，伸手低头时把脸没入水中呼气的完整配合技术动作练习（图2-2-20）。

图 2-2-20

4. 蛙泳手与腿配合技术学习

（1）蛙泳手腿配合的陆上练习

①练习者直立在地上，两手向上伸直并拢，两脚与肩同宽。按照蛙泳"划手—收手、下蹲（收腿）—向上并拢伸手—站立（蹬腿）"的完成动作顺序，做蛙泳手、腿分解与完整配合的技术动作（图2-2-21）。

图 2-2-21

②练习者俯卧在练习凳上，两手向前伸直并拢，两腿向后伸直并拢。按照蛙泳"划手—收手、收腿—向前并拢伸手—蹬腿"的动作完成顺序，做蛙泳手、呼吸、腿的分解与完整配合技术动作练习（图2-2-22）。

图 2-2-22

(2) 蛙泳手腿配合的半陆半水练习

由于环境的限制，在半陆半水的练习中难以完成手、腿的配合，因而练习者可以通过手部小幅度动作配合腿部动作完成该练习。练习时，练习者俯卧在池边，腰部以上俯卧在岸上，腿部以下在水面，两手向前伸直并拢，两腿向后伸直并拢。按照蛙泳"划手—收手、收腿—向前并拢伸手—蹬腿"的动作完成顺序，做蛙泳手、呼吸、腿的分解与完整配合技术动作（图2-2-23）。

图 2-2-23

(3) 蛙泳手腿配合技术水中有固定支撑练习

在同伴的托扶下，练习者俯卧在水面，两手向前伸直并拢，两腿向后伸直并拢。按照蛙泳"划手—收手—收腿、向前并拢伸手—蹬腿"的动作完成顺序，做蛙泳手、腿的分解与完整配合的技术动作（图2-2-24）。

图 2-2-24

(4) 蛙泳手腿配合技术水中无固定支撑练习

练习者先把背漂绑在腰背上,然后吸一口气憋住,利用背漂的浮力,俯卧在水面,两手向前伸直并拢,两腿向后伸直并拢。按照蛙泳"划手—收手、收腿—向前并拢伸手—蹬腿—漂浮"的完成动作顺序,做蛙泳手、腿的配合技术动作练习(图 2-2-25)。

图 2-2-25

(5) 蛙泳手腿配合技术水中无支撑练习

练习者在可站立的浅水区域,在无浮具帮助的情况下,吸一口气,憋气俯卧在水面,两手向前伸直并拢,两腿向后伸直并拢。按照蛙泳"划手—收手、收腿—向前并拢伸手—蹬腿—漂浮"的动作完成顺序,做蛙泳手、腿的配合技术动作练习(图 2-2-26)。

图 2-2-26

5. 蛙泳完整配合技术学习

（1）蛙泳完整配合的陆上练习

练习者俯卧在练习凳子上，低头、两手向前伸直并拢，两腿向后伸直并拢。按照蛙泳"划手抬头张嘴吸气—收手、收腿—向前并拢伸手时低头呼气—蹬腿"的完成动作顺序，做蛙泳完整配合技术动作练习（图 2-2-27）。

图 2-2-27

（2）蛙泳完整配合的半陆半水练习

由于环境的限制，在半陆半水的练习中难以同时兼顾头、手、腿的配合，因而可以通过手的小幅度动作、呼吸与腿的配合来强化学生完整配合中的节奏。在练习时，学生俯卧在池边，髋关节以上部分在岸上，两手向前伸直并拢，腿部在水面上平卧，做蛙泳"划手抬头张嘴吸气—收手时慢收腿—伸手低头呼气—两腿由慢到快蹬夹腿"的配合动作练习。

（3）蛙泳完整配合技术水中有固定支撑练习

在同伴的托扶下，练习者俯卧在水面。练习时做低头、两手向前伸直并拢，两腿向后伸直并拢准备姿势。按照蛙泳划手时"划手抬头张嘴吸气—收手、收腿—向前并拢伸手时低头呼气—蹬腿"的完成动作顺序，做蛙泳完整配合技术动作练习（图2-2-28）。

图 2-2-28

（4）蛙泳完整配合技术水中无固定支撑练习

练习者把背漂绑在腰背上，利用背漂的浮力，按照蛙泳划手时"划手抬头张嘴吸气—收手、收腿—向前并拢伸手时低头呼气—蹬腿—漂浮"的完成动作顺序，做蛙泳完整配合技术动作练习（图2-2-29）。

图 2-2-29

（5）蛙泳完整配合技术水中无支撑练习

练习者在无任何浮具帮助的情况下按照蛙泳划手时"划手抬头张嘴吸气—收手、收腿—向前并拢伸手时低头呼气—蹬腿—漂浮"的动作完成顺序，做蛙泳完整配合技术动作练习（图2-2-30）。

图 2-2-30

二、爬泳

爬泳是模仿人体爬行动作的一种游泳姿势。由于爬泳速度快，因而在救助溺者时，可以用最快的速度接近溺者，为抢救生命赢得时间。此外，当救援者遇到危急情况时，也可借助爬泳游出危险区域。

（一）爬泳技术要领

1. 爬泳身体位置

爬泳的身体位置是俯卧在水中，几乎与水面平行，这种身体位置可以有效地减少游进过程中身体截面面积，保持身体的流线型，最大程度地减少游进时身体所受到的阻力。

2. 爬泳腿部技术

爬泳腿部动作是两腿上下交替做鞭状打水动作。正确的爬泳两腿鞭状打水是推进身体前进、控制身体平衡和掌握爬泳技术的基础。爬泳打腿是由大腿发力，通过小腿和脚腕最终完成水中的鞭状打水动作，打水幅度约 30~40 厘米。腿部技术教学中，在陆上教学时可采用直腿打水的方法。要求初学者髋关节充分伸展，膝关节伸直，踝关节放松、伸直内扣。在直腿打水练习的基础上，逐渐过渡到屈腿的鞭状打水技术。爬泳腿动作可运用如下口诀进行教学："大腿发力带小腿，两腿交替来打水"。

3. 爬泳手部技术

爬泳手部动作要领分为入水、抓水、划水、移臂四个环节。

（1）入水

手臂入水位于身体前方，身体中轴与肩的延长线之间区域。入水时手掌呈自然并拢伸直状态，肘关节高于手，拇指与食指在远端入水。

（2）抓水

入水后，手掌屈腕，向前、外、内、下方抓水，抓水过程中，要保持高肘，争取手臂保持最大的划水面积，提高手臂动作的工作效率。

（3）划水

划水时肘关节经过"逐渐弯曲—逐渐推直"的过程，最大弯曲度在 90°～110°。划水方向直线向后（相对身体位置是"S"形）。在划水过程中，注意保持手臂、手掌最大的划水面积，并逐渐加速。划水的合力点轨迹尽量与身体中轴的垂直面重叠。划水动作在大腿外侧处结束。

（4）移臂

划水结束时，前臂放松，肘关节上提，经身体侧面向前摆动准备下一动作的入水。

在动作节奏上应强调除划水阶段用力外，其他部分应放松。空中移臂时应上臂带动前臂，并强调肘高于手。

4. 爬泳手腿配合

爬泳手与腿的配合主要分为"两次手两次腿""两次手四次腿""两次手六次腿"及"两次手不规则打腿"四种技术。各种技术均有其优点及不足之处，运用时根据习惯及不同场合进行选择。一般的初学者往往选用"两次手六次腿"的配合方法学习爬泳。

5. 爬泳手与呼吸配合

爬泳手与呼吸的配合动作，吸气时强调张口快吸气，呼气时用鼻子或口与鼻子慢呼气。无论采取哪种呼吸配合方式，爬泳呼吸时头部是围绕身体的纵轴转动，不应该出现抬头等偏离纵轴转头呼吸的动作。

爬泳手与呼吸配合，依据呼吸与划手的配合时间差异程度，主要可以分为早呼吸（开始划水时转头吸气）、中呼吸（划水至肩下时转头吸气）、晚呼吸（推水时转头吸气）3种方式。对初学者来讲，由于早呼吸配合有较长的吸气时间，因而常常被初学者采用。

依据呼吸与划手的配合次数，爬泳手与呼吸配合类型主要有呼吸一次划水两次（单侧呼吸）、呼吸一次划水3次（双侧呼吸）与不规则呼吸3种配合方式。单侧呼吸的配合技术相对简单易学，但同时由于单侧呼吸时视野限制，因此可供观察的区域范围也较小。双侧呼吸的配合技术学习难度较大，但双侧呼吸有利于在游动过程中对周边环境进行观察。

呼吸是爬泳技术的教学难点。因此，在教学开始时应要求做围绕身体纵轴侧向转头的呼吸动作，并结合两臂划水动作反复练习，应把呼吸动作贯彻始终。在完整配合动作时，应防止吸气时向上抬头，造成下肢下沉。

6. 爬泳完整配合

爬泳完整配合技术是两臂交替经空中前移，在肩前入水，经腹下向后划水。上体随着两臂划水动作而围绕着身体纵轴自然转动，划手同时向单侧转头呼吸，并与两臂的动作协调配合，以推动身体前进和保持身体的平衡。爬泳动作配合的要领是：两臂各划水1次，两腿打水6次（或4次或2次），呼吸1次。练习爬泳时，人在水中呈俯卧姿势，两腿交替上下打水，两臂交替轮流划水，动作看起来仿佛在水面爬行。

（二）爬泳技术学习方法

1. 爬泳腿技术练习方法

（1）爬泳腿的陆上练习

①练习者呈仰坐体位，双脚伸直并拢，两脚尖自然绷直内扣，进行爬泳腿部上、下打腿的动作练习（图2-2-31）。

图 2-2-31

②俯卧体位，双手向前伸直并拢，双脚伸直并拢，两脚尖自然绷直内扣，进行爬泳腿部上、下打腿的动作练习（图 2-2-32）。

图 2-2-32

（2）爬泳腿的半陆半水练习

练习者在池边，利用池边的支撑，将两脚延伸至水面，脚面绷直，脚踝放松，做直腿打水动作。打水幅度约 30~40 厘米。

①练习者身体正对泳池，坐在池边，以臀部接触支撑面（以免影响大腿上下的打腿动作），两手扶地，半坐池边，两腿在水面进行爬泳腿部打腿动作练习（图 2-2-33）。

图 2-2-33

②练习者身体背对泳池，俯卧体位，两手向前伸直并拢，髋关节以上部位趴在岸上，两腿伸入水中，进行爬泳腿动作练习（图 2-2-34）。

图 2-2-34

(3) 爬泳腿水中有固定支撑练习

练习者双手扶池边，将肩浸入水中，身体平直，髋关节伸展。练习时可要求大腿带动小腿的打水动作。向下打水时稍用力，向上打水时则放松。可做快打和慢打的交替练习。有固定支撑的爬泳腿部练习，可以分为以下 3 种方式进行：

①练习者腰部绑上浮漂，双手扶池边，身体水平俯卧，打腿 6 次抬头呼吸 1 次，进行爬泳腿打水动作练习（图 2-2-35）。

图 2-2-35

②练习者双手扶池边，深吸一口气，身体水平俯卧，憋气进行爬泳腿打水动作练习（图 2-2-36）。

图 2-2-36

③练习者双手扶池边，身体水平俯卧，打腿 6 次抬头呼吸 1 次，进行爬泳腿打水动作练习（图 2-2-37）。

图 2-2-37

（4）爬泳腿水中无固定支撑练习

①练习者腰部绑上浮漂，双手握住打腿板，身体水平俯卧，打腿 6 次抬头呼吸 1 次，进行爬泳腿打水动作练习（图 2-2-38）。

图 2-2-38

②练习者双手握住打腿板，身体水平俯卧，打腿 6 次抬头呼吸 1 次，进行爬

· 43 ·

泳腿打水动作练习（图 2-2-39）。

图 2-2-39

③练习者单手握住打腿板向前伸直，另一手伸直贴近大腿，身体水平俯卧，打腿 6 次转头呼吸 1 次，进行爬泳腿打水动作练习（图 2-2-40）。

图 2-2-40

（5）爬泳腿水中无支撑练习

①练习者在无任何浮具的帮助下先吸气后蹬边，身体尽量伸展，腰背保持适当紧张，头夹于两臂之间成流线型。当身体开始滑行后，双脚开始打水。双手伸直夹住两耳，身体水平俯卧，进行爬泳腿打水动作练习（图 2-2-41）。

图 2-2-41

②练习者单手向前伸直贴近耳朵，身体水平俯卧，打腿 6 次转头呼吸 1 次，进行爬泳腿打水动作练习（图 2-2-42）。

图 2-2-42

2. 爬泳手部技术练习方法

(1) 爬泳手的陆上练习

练习者两腿前后开立（或左右开立），上体前倾。开始时可先分解单臂做，把臂部的动作周期分为入水、抓水、划水、空中移臂 4 个阶段。按顺序和相应的 4 个节拍进行练习。在熟悉了 4 个阶段的动作后，缩短为两拍进行练习，即抓水、划水和移臂入水。移臂时强调肘高于手。由单臂逐渐过渡到连贯配合练习（也可做臂和呼吸的配合练习）。

①练习者原地站立、弯腰，进行单手的分解与完整动作练习（图 2-2-43）。

图 2-2-43

②练习者原地站立、弯腰，进行两手的分解与完整动作练习（图 2-2-44）。

图 2-2-44

（2）爬泳手的半陆半水练习

练习者身体中轴与池边平行，半边身体在岸上，半边在水中，进行单手分解与完整动作练习（图 2-2-45）。

图 2-2-45

（3）爬泳手水中有固定支撑练习

①练习者在水深至腰部的泳池，面对泳池站立、弯腰，一手扶池边，进行单手的分解与完整动作练习（图 2-2-46）。

图 2-2-46

②练习者在水深至腰部的泳池，面对泳池站立、弯腰，两脚前后站立，进行双手的分解与完整动作练习。

③在同伴抱托双腿的帮助下，练习者俯卧水中，进行双手的分解与完整动作练习（图 2-2-47）。

图 2-2-47

（4）爬泳手水中无固定支撑

①练习者单手握住打腿板向前伸直，身体俯卧并保持打腿动作，做爬泳手的单手划水练习（图 2-2-48）。

图 2-2-48

②练习者单手握住打腿板向前伸直，身体俯卧并保持打腿动作，做爬泳手的双手交替握板与划水动作练习。

③练习者两腿夹板，俯卧水中，进行爬泳单手动作的划水练习（图 2-2-49）。

图 2-2-49

④练习者两腿夹板，俯卧水中，进行爬泳双手动作的划水练习。

(5) 爬泳手水中无支撑练习

①练习者在无任何浮具帮助的情况下身体俯卧水中，保持打腿动作，在打水的基础上做爬泳手的单手划水练习。要求练习者当一臂划水结束并完成臂前移入水的动作后，另一臂才开始划水动作（图 2-2-50）。

图 2-2-50

②身体俯卧水中，保持打腿，双手向前伸直，做爬泳手的双手交替划水练习（图 2-2-51）。

图 2-2-51

3. 爬泳手部动作与呼吸配合技术练习方法

（1）爬泳手与呼吸配合的陆上练习

①练习者原地站立、弯腰，双手向前伸直，进行单手与呼吸配合技术的分解与完整动作练习（图 2-2-52）。

图 2-2-52

②练习者俯卧在练习凳上，双手向前伸直，进行单手与呼吸配合技术的分解与完整动作练习（图 2-2-53）。

图 2-2-53

③练习者原地站立、弯腰，双手向前伸直，进行双手与呼吸配合技术的完整动作练习（图 2-2-54）。

图 2-2-54

(2) 爬泳手与呼吸配合的半陆半水练习

练习者身体中轴与池边平行，半边身体在岸上，另半边在水中，进行爬泳单手与呼吸配合技术分解与完整动作练习（图 2-2-55）。

图 2-2-55

(3) 爬泳手与呼吸配合水中有固定支撑练习

①练习者在水深至腰部的泳池，面对游泳池，一只手扶池边，原地站立、弯腰，脸没入水中进行爬泳单手与呼吸配合的分解与完整的技术动作练习（图 2-2-56）。

图 2-2-56

②在同伴的抱托下，俯卧水中，练习者进行爬泳手与呼吸配合的分解与完整的技术动作练习（图 2-2-57）。

图 2-2-57

③练习者腰部绑上背漂，双手扶池边打腿，打腿 6 次做爬泳手与呼吸配合动作 1 次（图 2-2-58）。

图 2-2-58

④练习者双手扶池边打腿（无背漂），打腿 6 次做爬泳手与呼吸配合动作 1 次（图 2-2-59）。

图 2-2-59

（4）水中无固定支撑爬泳手与呼吸配合

①练习者双手向前伸直，单手握打腿板，身体俯卧，保持打腿动作，做爬泳单手划水与呼吸配合练习（图2-2-60）。

图 2-2-60

②练习者双手向前伸直，单手握打腿板，身体俯卧，保持打腿动作，双手交替做划水与呼吸配合练习。或两腿夹板，俯卧水中，进行爬泳单手划水与呼吸配合练习（图2-2-61）。

图 2-2-61

③两腿夹板，俯卧水中，进行爬泳双手划水与呼吸配合练习。

（5）水中无支撑练习爬泳手与呼吸配合

①练习者身体俯卧水中，保持打腿，双手向前伸直，做爬泳手的单手划水与呼吸配合练习（图2-2-62）。

图 2-2-62

②练习者身体俯卧水中,保持打腿,双手向前伸直,做爬泳双手划水与呼吸的完整配合练习(图 2-2-63)。

图 2-2-63

4. 爬泳手部与腿部配合技术练习方法

(1) 爬泳手部与腿部配合的陆上练习

①练习者原地站立、弯腰,进行爬泳手与腿的分解与完整动作配合练习(图 2-2-64)。

图 2-2-64

②练习者俯卧在练习凳上，进行爬泳手与腿的分解与完整动作配合练习（图 2-2-65）。

图 2-2-65

（2）爬泳手部与腿部配合水中有固定支撑练习

练习者面对游泳池，双手扶池边，深吸一口气，俯卧水中，在保持打腿基础上两手做爬泳划水的分解动作（图 2-2-66）。

图 2-2-66

（3）爬泳手部与腿部配合水中无固定支撑练习

①练习者绑背漂，进行爬泳手与腿分解动作练习（图 2-2-67）。

图 2-2-67

②练习者绑背漂，进行爬泳手与腿完整动作配合练习。

（4）爬泳手部与腿部配合水中无支撑练习

①练习者在无任何浮具帮助的情况下，吸一口气并憋气，蹬池边或池底，进行爬泳手与腿分解动作练习（图2-2-68）。

图 2-2-68

②练习者在无任何浮具帮助的情况下，吸一口气并憋气，蹬池边或池底，进行爬泳手与腿完整动作配合练习。

5. 爬泳完整配合技术练习方法

（1）爬泳完整配合的陆上练习

①练习者原地站立、弯腰，进行爬泳手、呼吸与腿的分解与完整动作配合练习（图2-2-69）。

图 2-2-69

②练习者俯卧在练习凳上，进行爬泳手、呼吸与腿的分解与完整动作配合练习。

(2) 爬泳完整配合水中有固定支撑练习

面对游泳池，练习者双手抓池边，俯卧水面，进行爬泳手、呼吸与腿的分解与完整动作配合练习（图 2-2-70）。

图 2-2-70

(3) 爬泳完整配合水中无固定支撑

①练习者绑上背漂，进行爬泳手、呼吸与腿分解动作配合的游动练习（图 2-2-71）。

图 2-2-71

②练习者绑上背漂，进行爬泳手、呼吸与腿完整动作配合游动练习。

(4) 爬泳完整配合水中无支撑练习

①练习者在无任何浮具帮助的情况下，进行爬泳手、呼吸与腿分解动作配合游动练习（图 2-2-72）。

图 2-2-72

②练习者进行爬泳手、呼吸与腿完整动作配合游动练习。

第三节　漂流游泳次要技术

虽然蛙泳和爬泳是漂流游泳技术的基础，但仍然需要其他游泳技术作为辅助。踩水、反蛙泳、侧泳、抬头爬泳、潜泳等游泳技术在漂流救援活动中也起到了不可忽视的作用。

一、踩水

踩水是常用的游泳技术之一。踩水技术可以在多种环境下使用，踩水的作用主要体现在以下方面：首先，由于踩水时两眼露出水面，因而能够方便观察水面上的各种情况，特别是在自然水域中它可以用来辨别方向、观察波浪及水面的障碍物，以便及时发现问题并采取应对的措施。在救援时常被用来观察溺水者的状况、对溺水者进行安慰及控制、拖带溺水者；其次，踩水能够方便地进行前、后、左、右移动身体，因而常常在接近溺水者时被用于戒备动作；再次，踩水时身体位置较高，因而常常被用于呼叫、求助及与同伴进行信息交流；最后，踩水时比较省力，常常用于水面休息及等待救援。

（一）踩水技术要领

1. 踩水身体位置

踩水者踩水时，身体呈直立姿势并稍稍前倾，在踩水的过程中身体相对平稳，头的大部分露出水面，通过双手划水及双脚的蹬夹水维持身体在水中的姿势。

2. 踩水腿部技术

踩水的腿部技术类似蛙泳腿。大腿在踩水的过程中始终保持屈髋，与躯干始终保持一定的弯曲角度，大腿动作幅度比小腿少。小腿收腿时直线向后上收腿，收腿结束时做勾脚外翻动作，使小腿与脚的内侧向下对水。蹬腿时脚向外、向下、向内做弧形的蹬夹水的动作。当蹬腿结束时，两脚保持分开动作，膝关节保持一定的弯曲，整个脚的蹬腿路线呈椭圆形状，动作连贯不停顿。踩水蹬腿的技术有两种：一是两腿轮流交替蹬水。一脚蹬腿时另一脚收腿，其特点是身体重心平稳，动作相对省力，大腿动作幅度较小；二是双脚同时蹬夹水。其特点是重心起伏较大，当双脚踩水时头部离开水面较高。此技术常常在波浪较大区域吸气时采用。

3. 踩水手部技术

踩水的手部动作分内划与外划两个部分：外划时掌心向外、向下，手和前臂在胸前做向外划水动作；向内划水时，掌心向内、向下，手和前臂在胸前做向内划水动作。划水一般在肩部前及肩外区域小幅做弧形线路的动作。两手配合动作有"双臂同时"及"双臂交替"两种方法。不管使用哪种方法，手臂在划水时始终保持弯曲。

4. 踩水时手腿配合技术

手腿的配合技术主要有交替配合、同步配合与不规则配合三种方式。

（1）交替配合。交替配合与人走路时手、腿的配合相仿，即右脚蹬水时右手向内划水，右脚收腿时右手向外划水。左手与左腿配合与右侧相同。一只手向外划水时另一只手向内划水，一条腿蹬腿时另一条腿进行收腿。双手与双腿的动作交替进行。

（2）同步配合。同步配合时双手同时向外划水或向内划水，双腿同时蹬腿或收腿。当双手向外划水时收腿，双手向内划水时蹬腿。

（3）不规则配合。该技术使用时根据使用者习惯进行，一般只有踩水技术熟练的人员才会运用。

不管使用哪一种配合技术，手腿的配合动作都要连贯，中间没有明显的停顿动作。

5. 踩水时的呼吸技术

踩水时呼吸与蛙泳一样，吸气时嘴巴露出水面张口快吸气，呼气时口鼻可以没入水中慢呼气。要有节奏、自然地呼吸。

6. 踩水完整配合技术

踩水完整配合技术要求手、腿、呼吸协调进行。呼气时，手、腿动作放慢，鼻子与水面齐平或在水下，两眼露出水面慢呼气；吸气时，两手和两腿稍用力划水和蹬夹水，使嘴巴露出水面后张口快吸气。吸气时，除非水面有波浪，否则下巴贴近水面，尽量减少因呼吸造成重心上下起伏过大，体能消耗过多情况的发生。

踩水的完整配合技术运用时，身体重心上下起伏越小、吸气位置越接近水面，整个踩水动作将越省力。

（二）踩水技术学习方法

1. 踩水的陆上练习

（1）练习者站立模仿划水的技术练习（外划与内划）（图2-3-1）。

图 2-3-1

（2）练习者扶墙单腿模仿踩水的蹬、夹、收腿技术练习（图2-3-2）。

图 2-3-2

（3）练习者半坐在高脚凳上模仿踩水的手、腿配合技术练习（图2-3-3）。

图 2-3-3

2. 踩水的半陆半水练习

练习者半坐在游泳池边，双脚在水中，面向游泳池模仿踩水的手、腿配合技术练习。

3. 踩水的水中有固定支撑练习

（1）练习者站立游泳池中，模仿踩水的手部技术练习（外划与内划）（图2-3-4）。

图 2-3-4

（2）练习者双手扶池边模仿踩水的蹬、夹、收腿技术练习（图 2-3-5）。

图 2-3-5

（3）练习者双手扶池边模仿交替踩水的蹬、夹、收腿技术练习（图 2-3-6）。

图 2-3-6

4. 踩水的水中无固定支撑练习

（1）练习者手扶漂板模仿同时踩水的蹬、夹、收腿技术练习（图 2-3-7）。

图 2-3-7

（2）练习者手扶漂板模仿交替踩水的蹬、夹、收腿技术练习。

（3）练习者绑上背漂完成踩水完整配合技术练习（图 2-3-8）。

图 2-3-8

5. 踩水的水中无支撑练习

（1）练习者踩水手、腿配合技术练习（图 2-3-9）。

图 2-3-9

（2）练习者踩水完整配合技术练习。

二、反蛙泳

反蛙泳，顾名思义就是将俯卧进行的蛙泳通过仰卧体位来完成，因而也有人称其为蛙式仰泳或仰式蛙泳。反蛙泳是民间最常用的游泳方式之一，由于此游泳方式需要全程身体平仰在水面完成，不需要抬头进行呼吸，因而其特点是省力，并能在水中适应多种用途。反蛙泳常用于休闲锻炼、休息、抽筋自救、对待救援、救援拖带等。

（一）反蛙泳技术要领

1. 反蛙泳身体位置

反蛙泳的身体姿势呈仰卧，两耳没入水中，脸露出水面，头与躯干成一直线，水平仰卧在水面上。

2. 反蛙泳腿部技术

从两腿伸直并拢开始，收腿时，腿部放松，小腿向下向臀部慢收腿，收腿完成2/3时，向两侧分开，收腿结束时两膝分开比肩稍宽，大腿微收，臀部稍下沉，脚内侧与小腿内侧对准后方，完成蹬水前的准备工作。蹬腿时，大腿发力，速度由慢到快，两脚向外、向后蹬水，当蹬腿完成约2/3时，保持加速完成夹水动作。蹬腿结束后保持身体好流线型并做短暂的滑行。反蛙泳腿的技术类似于蛙泳，在整个收腿、蹬腿过程中，膝关节不能露出水面。

3. 反蛙泳手部技术

从两臂贴近耳朵伸直开始，抓水时手掌对准往外、下方抓水。抓水结束划水时，肘关节逐渐下沉、保持高肘，使手掌、前臂与上臂对准划水方向，在身体侧面往脚的方向划水。划水结束时两手贴近身体伸直，保持身体的流线型并进行滑行。当滑行速度减缓时，拇指向上直臂出水，两臂自然伸直放松从空中向前移臂，双手空中转腕，以小拇指领先在肩前入水。

4. 反蛙泳手腿配合

反蛙泳的手腿配合技术根据个人的不同习惯采用不同的配合方式。常见的配合方式主要有以下两种：

（1）反蛙泳手腿同时配合

采取这种反蛙泳配合技术时，手与腿同时划水和蹬夹腿，复位时同时收腿和移臂。当蹬腿（划水）结束时，双手贴紧身体，腿伸直并拢，使身体保持一条直线平卧在水面上滑行。当滑行速度减缓时，收腿的同时双手经空中移臂，在肩前入水。当两手入水与收腿结束后马上进行下一次划水（蹬腿）动作，以避免身体过度减速。

（2）反蛙泳手腿交替配合

采取反蛙泳交替配合技术时，手、腿交替进行划水和蹬夹腿。当双腿完成收腿、蹬腿动作后，双手开始进行移臂、划水动作。每次划水结束时，双手贴紧身体，腿伸直并拢，使身体保持一条直线平卧在水面滑行。每个动作周期完成后，应该有一个明显的滑行过程。

5. 反蛙泳的呼吸

反蛙泳的呼吸要求用口吸气，用口鼻呼气，呼吸时要求有节奏进行，一般在两臂空中移臂时吸气，手入水时稍稍憋气停顿，在手臂划水时呼气。

6. 反蛙泳完整配合

反蛙泳完整配合是在手、腿的配合技术基础上加上有节奏的呼吸进行的。

（二）反蛙泳技术学习方法

1. 反蛙泳的腿部练习

（1）反蛙泳的陆上练习

①练习者坐在地上，两腿伸直并拢，双手在身体后方撑地，完成蛙泳腿的收、翻、蹬、夹系列动作的分解与完整配合练习（图2-3-10）。

图 2-3-10

②练习者仰卧在练习凳上，两腿伸直并拢，双手伸直夹紧耳朵，完成反蛙泳腿的收、翻、蹬、夹系列动作的分解与完整配合练习（图 2-3-11）。

图 2-3-11

（2）反蛙泳腿的半陆半水练习

①练习者仰坐在池边上，双手撑在身体后方，两脚伸直并拢在水面，完成腿收、翻、蹬、夹系列动作的分解与完整配合练习（图 2-3-12）。

图 2-3-12

②练习者仰卧在池边上，两脚伸直并拢在水面，完成腿部收、翻、蹬、夹系

· 65 ·

列动作的分解与完整配合练习（图2-3-13）。

图 2-3-13

（3）反蛙泳腿水中有固定支撑练习

练习者站立在齐腰深的池底，在同伴的帮助下水平仰卧在水面上，两手向前伸直并拢夹紧耳朵，在保持水平仰卧体位下，完成腿部收、翻、蹬、夹系列动作的分解与完整配合练习（图2-3-14）。

图 2-3-14

（4）反蛙泳腿水中无固定支撑练习

利用浮具的支撑，在水中仰卧完成腿部收、翻、蹬、夹系列动作的分解与完整配合练习（图2-3-15）。

图 2-3-15

(5) 反蛙泳腿水中无支撑练习

练习者在无任何浮具的帮助下，吸一口气，蹲下，身体后仰蹬地，使身体水平仰卧在水面，双手贴在大腿，然后完成腿部收、翻、蹬、夹系列动作的配合练习（图 2-3-16）。

图 2-3-16

2. 反蛙泳手部练习

(1) 反蛙泳手部的陆上练习

①练习者身体直立，单手完成反蛙泳手动作抓水、划水、出水、空中移臂、入水动作的分解与完整动作练习（图 2-3-17）。

图 2-3-17

②练习者仰卧在练习凳上，双手完成反蛙泳手的抓水、划水、出水、空中移臂、入水动作的分解与完整动作练习（图 2-3-18）。

图 2-3-18

(2) 反蛙泳手部水中有固定支撑练习

在同伴的帮助下（如双腿夹同伴腰部），仰卧水面，双手完成反蛙泳手动作抓水、划水、出水、空中移臂、入水动作的完整动作练习（图 2-3-19）。

图 2-3-19

(3) 反蛙泳手部水中无固定支撑练习

在浮具的帮助下（单独使用夹板或者背漂），双手完成反蛙泳手动作抓水、划水、出水、空中移臂、入水动作的完整动作练习（图 2-3-20）。

图 2-3-20

3. 反蛙泳手与呼吸配合技术学习

(1) 反蛙泳手与呼吸配合的陆上练习

①练习者身体直立，双手完成反蛙泳手、呼吸分解与完整配合动作练习。
②练习者仰卧在练习凳上，双手完成反蛙泳手、呼吸分解与完整配合动作练习。

(2) 反蛙泳手与呼吸配合水中有固定支撑练习

在同伴的帮助下（如双腿夹同伴腰部），练习者仰卧水面，完成反蛙泳手、呼吸分解与完整配合动作练习。

(3) 反蛙泳手与呼吸配合水中无固定支撑练习

在浮具的帮助下（夹板或夹板与背漂同时使用），完成反蛙泳手、呼吸分解与完整配合动作练习。

4. 反蛙泳手腿配合技术学习

(1) 反蛙泳手腿配合的陆上练习

①练习者直立在地上，两手向上伸直并拢，下蹲、两脚与肩同宽。按照反蛙泳"划手时站立（蹬腿）—向上直臂移臂时下蹲（收腿）"的动作顺序，完成反蛙泳手、腿的分解与完整技术动作练习（图 2-3-21）。

图 2-3-21

②练习者仰卧在练习凳上，两手在体侧伸直并拢，两腿向后伸直并拢。按照反蛙泳"划水、蹬腿—向上直臂移臂、收腿"的动作顺序，完成反蛙泳手、腿的分解与完整技术动作练习（图 2-3-22）。

图 2-3-22

（2）反蛙泳手腿配合的半陆半水练习

练习时，练习者仰在池边，臀部以上仰卧在岸上，腿部以下在水面，两手在体侧伸直并拢，两腿向后伸直并拢。按照反蛙泳划手时"划水、蹬腿—向上直臂移臂、收腿"的动作顺序，完成反蛙泳手、腿的分解与完整技术动作练习（图 2-3-23）。

图 2-3-23

(3) 反蛙泳手腿配合水中有固定支撑练习

在同伴的托扶下,练习者仰卧在水面上,两手在体侧伸直并拢,两腿向后伸直并拢。按照反蛙泳划手时"划水、蹬腿—向上直臂移臂、收腿"的动作顺序,完成反蛙泳手、腿的分解与完整技术动作练习(图2-3-24)。

图 2-3-24

(4) 反蛙泳手腿配合水中无固定支撑练习

把背漂板绑在腹部,利用背漂板的浮力,仰卧在水面,两手在体侧伸直并拢,两腿向后伸直并拢。按照反蛙泳划手时"划水、蹬腿—向上直臂移臂、收腿"的动作顺序,完成反蛙泳手、腿配合的完整技术动作练习(图2-3-25)。

图 2-3-25

(5) 反蛙泳手、腿配合技术水中无支撑练习

练习者在可站立的浅水区域,吸气一口,下蹲、后倒、蹬地,水平仰卧在水面上,两手在体侧伸直并拢,两腿向后伸直并拢。按照反蛙泳划手时"划水、蹬腿—向上直臂移臂、收腿"的动作顺序,完成反蛙泳手、腿的完整技术动作配合

练习（图 2-3-26）。

图 2-3-26

三、侧泳

侧泳是身体侧卧，两手交替划水，两腿交替剪夹水或同时蹬腿的一种游泳方式。侧泳在历史上曾经作为一种竞技游泳的方式。在自然水域游泳时，由于侧泳速度较快，并且能够减少波浪对游泳的影响，因而受到许多游泳爱好者的青睐。侧泳在救援过程中由于速度较快，方便观察溺水者及水域状况，常被用于对溺水者施救过程中的拖带。

（一）侧泳技术要领

1. 侧泳身体位置

侧泳在行进时身体侧卧水面，头的下半部分浸入水中，游泳时身体绕中轴转动。

2. 侧泳腿部技术

侧泳腿部技术有两种常用方法：一种是两脚做剪夹水的技术；另一种是两脚做蛙泳腿的蹬腿技术。

（1）侧泳剪夹水腿部技术

该腿部技术采用两腿同时使用不同的方法进行蹬夹水的动作。

接近水面的上位腿使用的是蹬腿技术，该技术收腿时大腿往腹部收，膝关节弯曲，大腿与小腿折叠，脚跟向躯干收紧，收腿结束时大腿与躯干约成90度；蹬腿时，脚尖勾起，小腿向外移动，脚掌做向外、向后、向内蹬踩水的动作，蹬腿结束前，脚掌加速向身体纵轴靠拢。蹬腿结束时，腿部伸直与躯干成一条直线。收腿动作相对缓慢，蹬水动作是一个逐步加速的过程。

下位腿收腿时，大腿与躯干中轴成直线并略向后伸展，膝关节弯曲，脚跟尽可能靠近臀部，脚尖绷直；踢水时大腿发力，小腿的前面及脚背对着后方用力踢水，下位腿踢水结束时，腿部伸直与躯干成一直线，收腿动作相对缓慢，踢水动作是一个逐步加速的过程。

上、下位腿部的收腿与蹬踩（踢）水是同时进行的。当两腿同时进行蹬夹水时，两腿形成了腿部的蹬（踢）水和剪水的交叉动作。侧泳腿部动作的节奏与蛙泳相似，收腿时动作轻缓，交叉蹬（踢）、剪水时动作逐步加速，蹬腿结束后两腿伸直并拢与身体成一直线，并保持该直线姿势滑行一段距离，当速度减缓后才进行下一个动作。

（2）蛙泳腿蹬腿方式的侧泳腿技术与蛙泳腿技术相似

3. 侧泳手部技术

侧泳的手划水技术采用的是交替方式进行，身体下方的下位手采用的是蛙泳手技术，而上位手采用爬泳划水技术，上位手的移臂有出水与不出水两种方式。

（1）侧泳上位手技术

①出水方式的侧泳手部动作技术。该技术与爬泳的手臂划水动作相似。准备动作时，上位手伸直贴近大腿，移臂时肘关节弯曲，前臂放松，由上臂带动前臂向肩前方伸出，躯干由侧卧向水平转动。入水位置在肩前方的最远点。入水后接着开始进行抓水，抓水时屈腕、手掌对准划水方向。划水时屈肘，保持手掌、手臂最大面积对水的基础上沿着身体中轴方向后加速划水，划水结束后手掌靠近腿部停顿，让身体做一个短暂的滑行。

②不出水方式的侧泳手部动作技术。不出水方式的侧泳上位手部动作要领与出水方式的侧泳手部动作区别在于向前移臂时上位手在水面下，从腹部、胸前贴近身体的位置向肩前方伸出。其余动作与上述要领相同。

（2）侧泳下位手技术

侧泳在身体下方的下位手开始准备动作时，手臂在肩前方伸直，掌心向下，手臂在水面下与水面平行。抓水时掌心斜向外下方，往身体的外下方抓水。划水时手臂保持高肘，完成"向外—向下—向内"的划水动作，向后划水时手掌不能超过肩线，划水结束时手掌靠近下巴，肘关节在胸前。伸手时手掌从下巴向前，沿着身体中轴方向在水面下向前伸出，当手臂向前伸直后，有短暂的停留过程，以利于身体保持良好的流线型，减少滑行过程中的阻力。

（3）两手配合技术

侧泳时双手交替配合进行。当上位手前移手臂时，下位手在水下完成划水动作；当上位手划水时，下位手向前伸直。两手交替进行，完成侧泳的手部划水动作。

为避免游进时前进速度变化过大，减少游进过程中的阻力，在上位手空中入水后，下位手收手在胸前时不能停顿，要保持动作的流畅，紧接着进行下一个动作。当上位手划水结束，下位手向前伸直时，由于此时身体前进速度较快，两手臂在前进方向截面较小，身体流线型较好，因而，两臂可以有一个短暂的停留让身体滑行。

4. 侧泳手与腿配合技术

当上位手移臂，下位手划水时，两腿放松进行慢收腿。当上位手前移入水，下位手向内划水结束时，两腿完成收腿动作。当上位手划水，下位手向前伸手时，两腿进行剪夹腿动作。当上位手划水结束，下位手向前伸直时，两腿完成剪夹动作。这时身体的手、躯干与腿部保持在一条直线上。

5. 侧泳手与呼吸配合技术

侧泳手与呼吸的配合动作与爬泳相似，由于在自然水域中容易受到风浪影响，一般会选择早呼吸的配合方式。侧泳呼吸的方向根据上位手决定，如果采用右手为上位手，游动时身体向右转动，同时呼吸也采用右侧吸气。手与呼吸配合以右侧呼吸为例，当右手划水、身体向右侧转动时，头向右转动，在嘴露出水面时张口吸气；当右手空中移臂时，身体稍左转，头部随之左转将脸没入水中用口、鼻呼气。同样，使用左手为上位手时，呼吸动作方向与上述方向相反。

6. 侧泳完整配合技术

以右侧呼吸为例，当右手划水、身体向右侧转动时，头向右转动，在嘴露出水面时张口吸气，左手由下巴位置向前伸直，同时两腿做剪夹腿动作，动作完成后有一短暂的滑行时间。当速度减慢后，右手空中移臂时身体稍左转，左手进行水下划水，头部随之左转将脸没入水中用口鼻呼气，同时两腿做收腿动作。

（二）侧泳技术学习方法

1. 侧泳腿技术练习方法

（1）侧泳腿的陆上练习

①练习者原地直立，扶墙进行上位腿的分解与完整动作练习（图2-3-27）。

图 2-3-27

②练习者原地直立，扶墙进行下位腿的分解与完整动作练习（图2-3-28）。

图 2-3-28

③练习者侧卧在地上，进行上、下位腿的分解与完整动作练习（图2-3-29）。

图 2-3-29

（2）侧泳腿的半陆半水练习

①练习者身体侧对泳池，两手扶地，半坐在池边，进行上位腿分解与完整动作练习（图2-3-30）。

图 2-3-30

②练习者身体侧对泳池，两手扶地，半卧在池边，进行下位腿分解与完整动作练习（图2-3-31）。

图 2-3-31

③练习者身体侧对泳池，两手扶地，半卧池边，进行上、下位腿分解与完整动作练习（图2-3-32）。

图 2-3-32

（3）侧泳腿水中有固定支撑练习

①练习者双手扶池边，身体直立，进行上位腿的分解与完整动作练习。
②练习者双手扶池边，身体直立，进行下位腿的分解与完整动作练习。
③练习者双手扶池边，身体侧卧，进行上、下位腿的分解与完整动作练习（图2-3-33）。

图 2-3-33

④同伴在背面抱腰，练习者侧卧水中，进行上位腿的分解与完整动作练习（图2-3-34）。

图 2-3-34

⑤同伴在背面抱腰,练习者侧卧水中,进行下位腿的分解与完整动作练习(图 2-3-35)。

图 2-3-35

⑥同伴在背面抱腰,练习者侧卧水中,进行上、下位腿的分解与完整动作练习(图 2-3-36)。

图 2-3-36

(4) 侧泳腿水中无固定支撑练习

练习者两手抱(扶)浮具,侧卧水中,进行上、下位腿完整动作的游动练习（图2-3-37）。

图 2-3-37

（5）侧泳腿水中无支撑练习

练习者在无任何浮具帮助的情况下，吸一口气憋气侧卧水中，进行上、下位腿完整动作的游动练习（图2-3-38）。

图 2-3-38

2. 侧泳手部技术练习方法

（1）侧泳手部的陆上练习

①练习者原地站立并弯腰，进行上位手的分解与完整动作练习（图2-3-39）。

图 2-3-39

②练习者原地站立、弯腰，进行下位手的分解与完整动作练习（图2-3-40）。

图 2-3-40

③练习者原地站立并弯腰，进行上、下位手的分解与完整动作练习（图2-3-41）。

图 2-3-41

④俯卧在练习凳上，进行上、下位手的分解与完整动作练习。

(2) 侧泳手部的半陆半水练习

①身体中轴与池边平行，半边身体在岸上，半边在水中，进行上位手分解与

完整动作练习（图 2-3-42）。

图 2-3-42

②身体中轴与池边平行，半边身体在岸上，半边在水中，进行下位手分解与完整动作练习（图 2-3-43）。

图 2-3-43

(3) 侧泳手水中有固定支撑练习

①练习者在水深至腰部的泳池，原地站立、弯腰，进行上位手的分解与完整动作练习（图 2-3-44）。

图 2-3-44

②练习者在水深至腰部的泳池，原地站立、弯腰，进行下位手的分解与完整动作练习（图2-3-45）。

图 2-3-45

③练习者在水深至腰部的泳池，原地站立、弯腰，进行上、下位手的分解与完整动作练习（图2-3-46）。

图 2-3-46

④在同伴的抱托下，练习者侧卧水中，进行上、下位手的分解与完整动作练习（图2-3-47）。

图 2-3-47

(4) 侧泳手水中无固定支撑练习

练习者两腿夹板，吸一口气并憋气，侧卧水中，进行侧泳上、下位手完整动作的游动练习（图2-3-48）。

图 2-3-48

(5) 侧泳手水中无支撑练习

练习者在无任何浮具的帮助下，吸一口气并憋气，侧卧水中，进行侧泳上、下位手完整动作的游动练习（图2-3-49）。

图 2-3-49

3. 侧泳手与呼吸配合技术练习方法

(1) 侧泳手与呼吸配合的陆上练习

①练习者原地站立并弯腰，进行侧泳上、下位手与呼吸配合技术的分解与完整动作练习（图2-3-50）。

图 2-3-50

②练习者俯卧在练习凳上，进行侧泳上、下位手与呼吸配合技术的分解与完整动作练习。

(2) 侧泳手与呼吸配合的半陆半水练习

练习者身体中轴与池边平行，半边身体在岸上，半边在水中，进行侧泳上位手与呼吸配合技术分解与完整动作练习（图 2-3-51）。

图 2-3-51

(3) 侧泳手与呼吸配合水中有固定支撑练习

①练习者在水深至腰部的泳池，原地站立并弯腰，进行侧泳上、下位手与呼吸配合技术的分解与完整动作练习（图 2-3-52）。

图 2-3-52

②在同伴的抱托下,练习者侧卧水中,进行侧泳上、下位手与呼吸配合技术的分解与完整动作练习(图 2-3-53)。

图 2-3-53

(4) 侧泳手与呼吸配合水中无固定支撑练习

练习者两腿夹板,侧卧水中,进行侧泳上、下位手与呼吸配合技术完整的动作练习(图 2-3-54)。

图 2-3-54

4. 侧泳手与腿配合技术练习方法

(1) 侧泳手与腿配合的陆上练习

①练习者原地站立并弯腰,进行侧泳手与单腿的分解与完整动作配合练习(图 2-3-55)。

图 2-3-55

②练习者侧卧在地上,进行侧泳手与腿的分解与完整动作配合练习(图 2-3-56)。

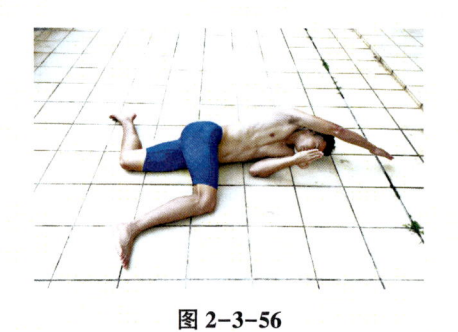

图 2-3-56

(2) 侧泳手与腿配合水中有固定支撑练习

同伴在背面抱托,练习者侧卧水中,进行侧泳手与腿的分解与完整动作配合练习(图 2-3-57)。

图 2-3-57

（3）侧泳手与腿配合水中无固定支撑

练习者绑上背漂，进行侧泳手与腿完整动作配合游动练习（图2-3-58）。

图 2-3-58

（4）侧泳手与腿配合水中无支撑练习

练习者在无任何浮具的帮助下，吸一口气憋气，侧卧水中，进行侧泳手与腿完整动作配合游动练习。

5. 侧泳完整配合技术练习方法

（1）侧泳完整配合的陆上练习

①练习者原地站立并弯腰，进行侧泳手、呼吸与单腿的分解与完整动作配合练习（图2-3-59）。

图 2-3-59

②练习者俯卧在地上，进行侧泳手、呼吸与腿的分解与完整动作配合练习（图 2-3-60）。

图 2-3-60

（2）侧泳完整配合水中有固定支撑练习

同伴在背面抱托，练习者侧卧水中，进行侧泳手、呼吸与腿的分解以及完整动作配合练习（图 2-3-61）。

图 2-3-61

(3) 侧泳完整配合水中无固定支撑

练习者绑上背漂，进行侧泳手、呼吸与腿完整动作配合游动练习（图 2-3-62）。

图 2-3-62

(4) 侧泳完整配合水中无支撑练习

练习者在无任何浮具的帮助下通过蹬池边或蹬地，在水中进行侧泳手、呼吸与腿完整动作配合游动练习（图 2-3-63）。

图 2-3-63

四、抬头爬泳

抬头爬泳技术是指在爬泳姿势的基础上，把头抬出水面的一种游泳姿势。这种技术的实用价值大，当救援者头露出水面时可以观察水面的情况，随时观察溺水者的状况，防止在接近溺水者的过程中被溺水者纠缠，避免救援者在救援过程发生意外，在救助时能迅速准确地接近溺者，为抢救生命赢得宝贵的时间。

（一）抬头爬泳技术要领

抬头爬泳技术与爬泳技术基本相同，不同之处在于身体位置比爬泳高，因为头抬出水面必然会造成身体位置高于爬泳姿势。需要注意的是，头抬出水面后，不要左右摆（晃）动，双眼要注视前方目标（如溺水者）。手臂动作是手入水点比爬泳近些，因此划水路线比爬泳短些。要注意手入水后肘部不能下沉，而要尽快划水和推水。两腿要用力打水才能保持较高的身体位置，发挥抬头爬泳的技术特长。

（二）抬头爬泳学习方法

抬头爬泳的学习方法与爬泳的学习方法相似，是爬泳在自然水域使用时的一种变异方式。抬头爬泳与爬泳一样采用两手交替划水的方式，两腿采取上下鞭状打水的方式进行游动。在自然水域游泳中，由于游泳者受风浪影响较大，容易呛水，缺少游进时可参照的标志物，因而人们在采用爬泳游进时需要保持头部在高位进行观察及修正游进线路。抬头爬泳游动时速度较快，在公开水域比赛、激流渡险、快速救援等多领域被广泛使用。该泳姿优点在于行进速度快，不足之处在于头部长时间保持高位，对体能消耗较大。

五、潜泳

潜泳是一种在水下游进的游泳技术，常在水中救援中使用。潜泳可用于观察水下情况，在救援沉入水中的遇险人员时，能够高效地进行水下搜寻，迅速打捞溺水者，为生命争得时间。

（一）潜泳技术要领

潜泳从技术类别上划分，可分为潜深和潜远两种。

1. 潜深技术

从水面上潜入水下主要有两种潜深方法。

（1）两腿朝下潜深法

在潜入前，救援者两臂前伸，屈腿，然后两臂用力向下压水，与此同时，两腿做蛙泳的向下蹬水动作，使上体至腰部跃出水面，接着利用身体的重力，使身体垂直向下，如直体跳水的姿势潜入水中（图2-3-64）。

图 2-3-64

入水后，两臂做自下而上的推水动作，以增加下沉的速度。达到水底或预定的深度之后，立即团身，将头转向所需要的方向游进。

（2）头朝下深潜法（倒立式下潜）

这种方法的预备姿势双手贴大腿，开始下潜前吸气，然后低头、弯腰、提臀、两臂自下而上用力向上划水、上举双腿（图2-3-65）。

图 2-3-65

由于两腿的重力作用，身体可潜入水中。身体没入水后，两腿向上做蛙泳腿的蹬水动作，以增加下潜速度。当达到需要的深度之后，通过两臂划水、头部后仰以及胸部和腰部后屈的动作，使身体由垂直姿势转为水平姿势。

2. 潜远技术

潜远技术分为两种类型：使用器材的潜泳技术和不使用器材的潜远技术。不使用器材的潜远技术，主要有蛙式潜泳、蛙式长划臂潜泳及爬式潜泳。

（1）蛙式潜泳

蛙式潜泳是在水下用蛙泳动作游进的潜泳技术。它的动作基本上与水面"平航式蛙泳"相同。在游进中为了避免身体上浮，头的位置应稍低于蛙泳，头与躯干成一条直线。手臂划水的幅度要比蛙泳小，收腿时屈髋较小。其配合动作与"平航式蛙泳"相同，只是滑行时间稍长。

（2）蛙式长划臂潜泳

为提高潜泳的速度和潜距，人们常采用蛙式长划臂潜泳方式。在使用这种技术时，游泳者需要注意复杂的水下条件，尽量小心谨慎，防止出现意外。具体动作要求如下：

①躯干和头的姿势。躯干和头的姿势应完全水平姿势，只是在臂开始划水时头稍稍低下，以防止身体漂浮。

②手臂动作。两臂开始向前伸直，紧接着做划水动作。手掌和前臂内旋，稍勾手腕，两手向前下方做抓水动作，手臂划水开始时稍慢。然后两臂逐渐向后内屈臂用力划水，划水时两臂保持高肘，使手和前臂尽量与划水方向接近垂直，当手划至肩下方时，肘关节大约屈成90度至100度角，然后肘关节由外侧向躯干方向靠拢，上臂带动前臂向后推水。推水完毕后，两臂几乎在大腿两侧伸直，手掌朝上。划水结束后稍稍停顿，应有滑行阶段。

（3）爬式潜泳

顾名思义，爬式潜泳是利用部分爬泳技术进行水下游进的一种方法。该技术水下的身体位置与手部划水动作和蛙式潜泳相同，腿部动作采取爬泳腿打腿游进。爬式潜泳主要用于踝关节勾脚尖困难及使用脚蹼打腿推进的潜水人群。

（二）潜泳学习方法

1. 潜泳的陆上练习

（1）模仿蛙泳手、腿分解动作练习

第一步划水、收手同时收腿，第二步双手伸直后用力蹬夹水。

（2）模仿蛙泳手、腿完整动作配合练习

完成划水、收手同时收腿，向前伸直手后用力蹬夹水动作。

（3）模仿长划臂蛙泳手、腿分解动作练习

第一步做双手长划臂蛙泳动作，第二步双手贴近身体沿腹部、胸前向前伸直手同时做两腿的收、翻、蹬、夹动作。

（4）模仿长划臂蛙泳手、腿完整动作配合练习

做双手长划臂蛙泳动作，停顿约两秒后做收手、向前伸直双手，同时两腿做收、翻、蹬、夹动作。

2. 潜泳的水中练习

（1）呼吸调整练习

潜水前的呼吸调整要求身体放松，首先采用胸式与腹式呼吸的单独练习，最后再采取混合吸气练习。在安排潜入前的深呼吸次数时，最好不要超过3次，以免在水下出现意外，避免发生浅水昏迷。

（2）水下蹬边滑行练习

要求练习中身体自然伸直，通过蹬边滑行距离对滑行动作做出评判（图2-3-66）。

图 2-3-66

（3）水下憋气蛙泳手、腿完整动作配合练习

（4）水下憋气长划臂蛙泳手、腿完整动作配合练习

（5）在可站立水中完成抱膝前滚翻动作练习（图2-3-67）

图2-3-67

（6）在深水中完成头朝下潜入动作练习

（7）在深水中完成脚朝下潜入动作练习

潜水学习具有一定的风险性，在组织学员进行练习的过程中，要做好安全监控工作。在安排每组的练习人数与每组练习间隔的过程中，必须根据现场的具体情况，严格按照课程规范来进行，绝对禁止在上一组练习中学生未全部安全出水的情况下进行下一组练习。

总之，漂流游泳技术是救生员实施保护自己并对水域中处于危险状况的遇险者实施救援的基本要求。所有承担水域救援工作的救生员必须充分掌握漂流水域的游泳技术，掌握在水中自由活动的基本技能。只有在确保救生员自身安全的前提下，才能够对水中遇险人员实施有效救援。

CHAPTER 03

第三章 漂流救援常用技术

漂流活动属于水域活动中的高危险性项目。随着人们安全意识的不断增强，在享受惊险刺激的同时，对漂流活动的安全要求也不断提高。经营企业在开展漂流活动时，确保游客生命财产安全是漂流经营活动的基本原则。为了保障游客的人身安全，专业的安全保障设备是企业的运营基础，而专业的漂流救援技术是现代漂流救生员必须掌握的上岗条件，也是漂流企业营业开放的必备前提。

第一节 漂流救援技术概述

作为救援过程中最为基础也最为常用的部分，漂流救援技术是一个复杂的系统，涉及的因素众多，我们可以从概念、作用、特点等方面来认识。

一、漂流救援技术的概念

漂流救援技术是指漂流救生员发现险情后，依据现场具体情况，及时采取正确的救援措施，以解除险情为目标而采取一系列救援方法的总称。漂流救援技术为企业开展漂流经营活动起着保驾护航的作用，是企业健康运营的关键因素。任何漂流企业都应把漂流救援技术作为安全监管人员称职的评价标准与考核要素。

二、漂流救援技术的作用

漂流救援技术是对漂流活动过程中出现的危急状况采取的应对措施，其主要作用体现在以下 4 个方面：

（一）漂流救援技术能够有效保障救援者与被救助者的人身安全

所有漂流救援技术的出发点都是在考虑安全的前提下进行的高效率救援，以最大限度地保护救援者与被救援者的人身安全。救援人员在救援过程中选择"岸上优先""器材优先""团队优先"等原则就是为了强调救援者自身安全及使用救援器材的重要性。

（二）漂流救援技术能有效提高救援的效率

由于漂流救援环境复杂多变，不同的情景与事件使用不同的救援方法导致的救援效率存在明显的差异性。因此，救援者在掌握正确的漂流救援技术后，可以依据现场的具体情况来选择恰当的救援方法，从而有效提高救援效率，实现企业预期安全管控的目标，例如，浮标和绳包救援技术等可以减少救援时间，降低救援风险、节省救援者的体力，使被救援者迅速脱离险境。

（三）漂流救援技术能够节省企业的各种资源

通过使用先进的漂流救援技术，可以使企业以最少的人力、物力、财力实现安全管控的目标，最大程度地节省企业的各种救援资源，做到资源的高效利用。例如，当漂流危险产生时，开阔水域条件下使用救援艇筏就可以使用少量救援力量解决多人遇险的问题。这种救援手段不仅使经济成本与救援风险明显降低，而且救援效果也较普通的人力救援提高不少，因而值得介绍和推广。

（四）漂流救援技术能够为漂流企业的发展提供安全保障

漂流技术的发展能够最大程度地保障游客的安全，减少各种事故发生的概率和降低事故给游客带来的伤害，从而提高了漂流活动项目的安全性，为漂流行业的开展提供有效的安全保障，促进漂流行业的健康发展。

三、漂流救援活动的特点

漂流救援技术与其他水域救援技术相比，具有许多自身的特点。漂流活动中参与人数较多，水域情况复杂，活动对象处于不断运动的状态，大多数参与人群对漂流活动潜在风险认识不足，这些因素决定了漂流活动本身风险性较高，也正是这些原因使得漂流救援具备以下特点。

（一）安全性

救援技术首先需要强调安全性，这主要体现在救援者安全和被救者安全两个方面。从救援的目的来讲，解除威胁源是救援活动的根本目标。无论采取何种漂流救援技术均需要保障救援者本人的安全。如果在实施救援过程中，救援技术对救援者本身都具有较大风险，其救援技术将不会得到推广和使用，救人的前提不应该是以牺牲自身安全为代价。同理，救援技术对于被救对象而言也应该是安全的。例如，对待水中的遇险者，我们不能因为其挣扎妨碍救援而采取极端的暴力手段，如果这样对待被救援者就失去了救援的意义，将使被救对象陷入新的伤害和危险中。

（二）高效性

救援技术的高效性是指救援过程使用的方法与措施能够使被救对象迅速安全地脱离险境，减少或避免对被救援对象的伤害。目前，各漂流企业使用的救援技术从出发点而言，都是为了将伤害降到最低。无论是初级救援装备还是高级艇筏器械都是围绕迅捷高效这一目标展开的。目前，漂流活动项目已经被广东省政府相关部门定为高危项目，因此漂流救生员在漂流项目活动中能否实施有效救援，救援行动的高效性在救援行动中显得尤为重要。

（三）实用性

漂流救援技术的实用性是指其在漂流救援过程中，能够满足漂流活动救援的实际需要。目前，水域救援技术发展迅速，种类日益增多。在甄别选用各类救援技术时要针对漂流项目的特点，有选择性地使用能够在漂流救援中充分发挥作用的方法和器械。例如，一般漂流企业较少接触到水底搜救，因而潜水搜救技术不适合常用漂流救援。评判某项救援技术的实用性，其标准主要是看这种技术在漂流救援过程中是否能够发挥效用，能否完成企业期望的救援目标。

（四）针对性

漂流救援技术具有明确的针对性。救援过程中不但需要因人而异，而且时间、地点的差异也会导致不同的救援方法。这决定了救援者需要依据现场的具体情况，针对救援对象的现状来选择最佳的救援方法，从而达到高质量地完成救援任务的目的。在漂流救援过程中，同一种救援技术可以分别针对不同的救援情景使用，如浮标救援既可以在陆上使用，也可以在水中使用，具体采取何种救援方式需要根据现场的具体情况进行综合判断。此外，同一种情景也可以使用不同的救援技术。如遇到昏迷的游客，在陆上遇到该种情况时，救援者需要第一时间进行检查，必要时进行心肺复苏；但在水中救起昏迷的人员时，并非第一时间进行检查和心肺复苏，而是要尽快让其脱离水中环境，回到陆上后再开始进行检查和心肺复苏等救援工作。之所以不在水中进行心肺复苏，是由于运到陆上再实施救援的效果明显优于水中。

（五）复杂性

漂流救援是在复杂环境下实施的救援行动，其复杂性主要体现在以下方面：

1. 环境的复杂性

漂流水域的水流变化多端，既有平缓的水面、急流、急弯、陡坡、礁石，也有两岸的峭壁、植物等，这些环境的复杂性导致许多救援行动受到一定的限制。

2. 游客的复杂性

参与漂流活动的人群对漂流常识的了解程度不同，身体状况不同、年龄大小不同、漂流活动过程中出现各种意外原因也有差异，导致救援者需要具有多样的知识储备。

3. 救援方法的复杂性

由于漂流过程中导致意外发生的情景多种多样，这就要求救援者掌握不同的救援方法，如面对滑倒受伤、溺水、水中受困、骨折、被艇筏扣在水下、失温等情景，均需要救援者提前学习并掌握相关的救援技术，制订适当的应急方案。

第二节　基础救援技术

基础救援技术是指救援者采用徒手或简单工具对遇险者实施救援的方法。基

第三章　漂流救援常用技术

础救援技术是所有漂流救生员必须掌握的最基本的救援方法，它能够满足漂流场所日常工作中常见意外的救援工作需要。基础救援技术常用工具主要包括救生浮标、救生绳、救生绳包、救生圈、救援杆等。这些救生工具大多不需要他人协作，救援者可以独立操作。由于这些救援工具具有使用轻便、反应迅捷且操作简便的特点，因而广泛应用于救援活动的各个环节。基础救援技术分为以下类型。

一、救生浮标

救生浮标属于常见的初级救援工具。救生浮标成本低廉、实用可靠，是国际救生界普遍使用的救生器材之一。常用的救生浮标以红色或黄色为主要色调，由泡沫材料制成，末端有手环与金属扣件（图3-2-1）。从构造而言，救生浮标的外皮主要采用软质具有弹性又防热的特殊塑胶皮制成，内部填充发泡塑胶，长约97.5厘米，宽约20厘米，厚约6厘米，呈长条状，两端有扁平带子，一端有挂扣，另一端有2米长的绳子，绳端连接帆布背带。

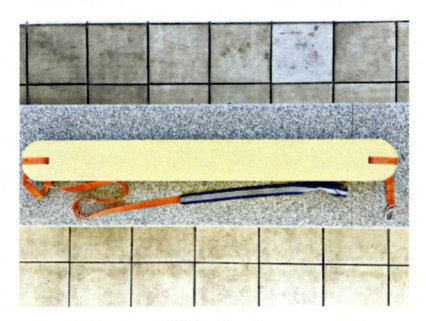

图 3-2-1

救生浮标与其他救生工具相比，具有其明显的优点：救生浮标具备了救生圈大部分的功能，除了在救援时可避免与遇险者直接接触外，可以对水中清醒者、昏迷者、成人、儿童、水性不熟、体力不支、手脚抽筋等情形的遇险者进行施救。救生浮标除了适用于不同情形的溺水者外，还适用于在各种水域环境中对遇险者实施救援。救生浮标在不同的情形下使用的方式有所不同，具体可分为岸上（船上）救援时救生浮标的使用和水中救援时浮标救生的使用。

（一）岸上（船上）救援浮标的使用

通常使用的方法是救援者在岸上或船上手持浮标，首先固定自己，用手抓住

· 99 ·

带子或浮标的一端（图 3-2-2），当接近至恰当距离时，将救援浮标递或抛给被救者（图 3-2-3）。递送浮标主要有两种方法：一是将浮标贴水面塞到待救者的胸前；二是从水面横扫到待救者的身边。严禁从上而下的传递方法，以防浮标的金属扣误伤待救人员。当被救者抓紧浮标后，将其拉回岸（船）边（图 3-2-4），然后协助其上岸（船）。只有在无法实施岸（船）上救援的情况下，救生员才选择携带浮标下水救援（图 3-2-5）。

图 3-2-2

图 3-2-3

图 3-2-4

图 3-2-5

在岸上（船上）使用救生浮标时可有多种变化形式，这些变化形式中，既包括与绳索的配合使用，也包括浮标的单独抛掷使用。

1. 浮标连接绳索法

该方法需要两人配合，岸上人员将浮标带子一头系在另一绳子上，然后握紧绳子另一头。救生员带浮标连接绳索入水救援，从背面将被救者抱在浮标上，双手搂住被救者与浮标，然后示意岸上人员将其拖回岸边（图 3-2-6）。

图 3-2-6

2. 涉水站立水中救援法

救生员携带浮标，涉水走近被救者，将浮标递给被救者，待其抓牢后拖带回岸边（图 3-2-7）。

图 3-2-7

3. 岸上（船上）抛掷浮标救援法

救生员站在岸上（船上），抓着背带，固定自己后将浮标抛向被救者。如果被救者距离稍远，也可用救生绳连接后抛掷（图 3-2-8）。

图 3-2-8

需要注意的是，岸上（船上）浮标救援的对象必须意识清醒，能够自己抓握抛来的浮标。此方法不适合意识丧失的遇险者或在风大的天气使用。

(二) 水中救援浮标的使用

当被救者离岸（船）较远，无法采用岸（船）上救援或被救者失去意识时，救生员应当采用浮标水中救援技术。水中使用救援浮标救援的操作步骤如下。

1. 准备

当救生员确定采用浮标水中救援方法时，首先要整理好浮标，将浮标的带子挂在身上，穿好防护鞋，并根据现场的具体情况选择是否穿戴脚蹼（图3-2-9）。

图 3-2-9

2. 入水

漂流活动场地水域环境较之静态水域而言，更加复杂多变。为了高效快捷地实施救援任务，保障救援者和被救者的安全，救生员需要根据具体的情况选择下水地点及正确的入水方法。

关于入水地点的选择，主要考虑安全与效率两大因素。安全主要是指入水地点能否保障救援者的自身安全，救援者一般需要避免在水流较急，水下环境复杂的区域下水。效率是指入水地点能否迅速、安全地接近遇险者，能否尽快开展救援行动。漂流水域地形复杂，漂流水道的两岸并非都能够满足入水条件，因此在入水之前要综合考虑各种影响因素后再作决定。

关于入水方法，常用的有步行式、探索式、鱼跃式、滑入式、跳入式、穿戴式六种方式，入水方式的选择主要根据被救援者及水域环境的具体情况来确定。

(1) 步行式

步行式入水适用于水深度较浅，救援者须涉水才能够对遇险者实施救援，步行式入水的区域应该在水流状况相对缓慢、水底平坦的浅水区域，能够保障救援者安全下水救援的情况使用。使用该方式救援时要注意水下的凹坑、尖锐的物体、各种障碍物等，以免摔倒、刮伤或刺伤。在实施步行式入水时，通常采取以下步骤：

①安慰被救者，促使其保持镇定，便于救援者施救。

②观察周边环境，试探水域周边及水下环境，制订救援方案，选择最佳救援路线，小心地移步前进。在条件允许的情况下，利用所携带的辅助物测试水深及平衡身体。

③观察遇险者状况，使用恰当的方式控制或固定遇险者。

④救援者如需使用担架搬运伤者，可以先用浮标（救生衣等）帮自己建立正浮力，然后把遇险者固定在担架上。运送时应保持担架平衡，使遇险者到达安全地点。

由于每次实施救援时的人数有所不同，因此步行的处理方式也各不相同。在激流中步行主要有单人、双人、多人等方式，无论采用哪种方法涉水步行均需要考虑水流对救援者冲击的影响，以免发生意外。当采用单人涉水步行救援时，救援者手扶竹竿或能够帮助固定身体的其他物体，身体侧对水流，随时观察遇险者、水面及上游水面的异物，移动身体时注意身体重心，入水时落脚要轻，在确定水底能够得到有效支撑时，方可缓慢移动重心；当双人或多人涉水步行救援时，需要确定行动的指挥者，如果以单列队形前进，其队形方向需保持与水流方向平行，以减少水流冲击力的影响，确保行进时队员的协调行动及安全（图3-2-10~图3-2-13）。

图 3-2-10　　　　　　　　　　图 3-2-11

图 3-2-12　　　　　　　　　　　　图 3-2-13

步行式主要用于水深较浅的区域，例如河道的边上。如果在水流较急的区域行走时，应将身体侧对水流方向，以减少水流对救援者的冲击，更好地维持前进过程中的身体平衡。

（2）探索式

探索式入水主要用于水深不明或水下环境复杂的情况。采用此方法入水时，救援者先用手支撑岸上或船边，身体缓慢没入水中，同时用脚在水中摆动探索，探测水下的异物和水深，防止救援者入水时受到意外伤害（图3-2-14）。

图 3-2-14

（3）鱼跃式

此方法用于水深足够的水域岸边或艇筏上，此时可采用鱼跃式入水。此方法的好处是救援速度较快，能够迅速对遇险者进行施救。入水前，救援者先背好浮标再入水，当在小型救生筏上采用该入水方式时，应注意艇筏重心平衡，以免蹬力过大而导致艇筏侧翻（图3-2-15）。

第三章　漂流救援常用技术

图 3-2-15

(4) 滑入式

滑入式入水主要用于救援者怀疑遇险者脊柱已受伤的情况下使用。此方法可以避免由于救援者入水时波浪对遇险者可能造成的二次伤害。采用此方式入水时，救援者先用手支撑岸上或船边，身体缓慢地没入水中，入水时尽量减少水面波动，防止由于救援者动作过大加重遇险者脊柱的伤害（图 3-2-16）。

图 3-2-16

(5) 跳入式

跳入式入水是水域较深，遇险者离岸（船）较近时采用的一种入水方式。救援者采用此方法时，先整理浮标，穿戴肩带，双手将浮标横抱在胸前、腋下，检查入水区域是否安全，然后双（单）脚蹬离岸边（或船），向前跳入水中。救援者在空中时眼睛要注视遇险者，身体保持前倾，双手抱紧或夹紧浮标，两腿呈前后跨步状或左右蛙腿状打开。当救援者胸、腹部没入水中时，两脚用力蹬夹水（图 3-2-17）。

· 105 ·

图 3-2-17

（6）着装式

着装式指的是从水面中较为浅近处入水，携带浮标、脚蹼到达一定深度后再穿戴蛙鞋，进入深水区后迅速游向被救对象的救援方式。着装式入水主要用于离遇险者距离较远或水流较急的区域。着装式与步行式在实施救援时使用的手段较为相似，不同之处在于着装式更强调器械在救援中的作用。在实施穿戴式入水时，通常采取以下步骤：

①发现险情后，应根据水流速度、遇险者位置、水域环境的情况选择合适的入水地点。

②救援者一手持浮标，脚穿防护鞋，另一手提蛙鞋，跑进中把救生浮标背带套于肩上，步入水深至大腿处（图3-2-18）。

图 3-2-18

③放开浮标，穿戴蛙鞋，然后游向遇险者。如果救援者在艇筏上入水，应先套上浮标肩带，穿好脚蹼后，整理好浮标带子，然后游向遇险者。

3. 游进

救援者在入水后游向遇险者时，双眼需要全程观察遇险者状况，避免接近时方向偏差或遇险者没入水中时未能正确判断位置而耽误救援。在流动的水域中游进时，需要充分考虑水流的影响，选择正确的游进路线，以缩短接近时间。救援者游进时主要目标是尽快接近遇险者，因此需要考虑游进的速度，以及掌握遇险者的状态。游进的方法主要有以下两种：

①被救者离岸较近，救生员入水后，直接以抬头爬泳或抬头蛙泳接近。当距离被救者3米左右时，先将浮标置于身前做好防护动作，观察环境及被救者状况，选择恰当的接近方法，再给予救援（图3-2-19）。

图 3-2-19

②当被救者距离较远时，背上浮标背带，穿上脚蹼，用抬头爬泳游近（图3-2-20）。当距离被救者3米左右时，先将浮标置于身前好做防护动作，观察环境及被救者状况，然后选择合适的接近方法，给予被救对象援助。

图 3-2-20

4. 接近

接近是救援者控制遇险者前所采用的方法。正确的接近方法，能够减少救援风险，提高救援效率。当救援者接近遇险者时应避免直接控制遇险者，而是需要事前仔细观察，对水域环境与遇险者状态进行评估，然后采用恰当的方法，其目标是确保自身的安全前提下对遇险者进行施救。如果采用徒手接近的方法，为保障救援者人身安全，背面接近是首选的方式。根据遇险者的体位状况，接近方式可分为以下几种类型。

(1) 正面接近

正面接近遇险者时，需要根据遇险者的意识状况判断下一步行动的方式，可进一步分为清醒者的正面接近和昏迷者的正面接近。

①清醒者的正面接近。该方法只限于有救援器材可供使用，且遇险者意识清醒，能够配合抓握递过来的救援工具的情况。正面接近时，救援者直接将浮标传递给被救对象，使用这种方式前应确定被救对象意识状况。当救生员游近至被救者3米左右的距离时（此为安全的救援距离），开始观察遇险者位置，然后绕至遇险者前方，单手抓握浮标一端，大声呼唤被救者，然后直接将浮标另一端塞入遇险者胸部（图3-2-21）。采用此种方式接近被救对象时，浮标的递送方法与岸上递送方法相同。当遇险者抓握好浮标或趴伏在浮标上时，救援者使用合适的泳姿将其拖带至岸（船）边。

图3-2-21

②昏迷者的接近。当遇险者俯卧水面呈昏迷状态时，救援者从遇险者头部前方接近。接近时先用手向其泼水，并大声呼唤，判断是否存在意识。确定遇险者无意识后，左（右）手持浮标的中央置于身前（防护动作），用右（左）手抓遇险者的右（左）手腕（图3-2-22），右（左）手向右后方拉动遇险者，向外旋腕，顺势将遇险者拉成仰面；救援者用左（右）手将浮标塞入遇险者背部，用右（左）手抓握遇险者右（左）手从浮标上方绕过浮标扣在浮标上（图3-2-23）；然后用左（右）手抓握遇险者左（右）手从浮标上方绕过浮标扣在浮标上，双手固定遇险者与浮标，用反蛙泳方式将其拖回岸（船）边（图3-2-24）。

第三章　漂流救援常用技术

此方法称为"正面接近背垫法",此方法只有在遇险者昏迷状态下才可以使用。

图 3-2-22

图 3-2-23

图 3-2-24

（2）背面接近

背面接近是指从背后接近被救对象,采用这种救援方式时同样需要确定被救者的意识状态。背面接近的救援方式适合用于体力较好、抵抗较强或无意识的被救对象。使用这种方法能够有效地保护救援者的人身安全,同时也便于使用器材固定遇险者。背面接近可分为两种:徒手背面接近和持械背面接近。

①徒手背面接近。当遇险者在水面挣扎时,应该选择使用背面接近的方式。运用此接近方式时,救援者首先观察判断遇险者的状况,在离遇险者3米外绕至其背面,大声提示遇险者,然后果断接近遇险者,用单手或双手托扶其腋下,对遇险者进行有效控制（图3-2-25）。

图 3-2-25

②持械背面接近。救援者首先观察并判断遇险者状况，在离遇险者 3 米外绕至其背面，大声提示遇险者配合，然后救援者选择恰当的时机迅速接近遇险者背面，一手托腋下，另一手将浮标插入遇险者腋下，利用浮标的浮力托起遇险者，救援者把托腋下的手松开，抓住浮标的另一头，用浮标把遇险者围起，然后在其背后将浮标两头的扣子扣上，利用浮标的浮力使被救者浮出水面（图 3-2-26）。

图 3-2-26

如果拖带距离较近，也可以将浮标置于自己的双腋下，采用徒手背面接近的方式，双手在其背面托住双腋控制遇险者后进行拖带。

(3) 水下接近方法

水下接近用于遇险者已没入水中而采用的接近方法。当被救者沉入水中并处于悬浮状态时，救援者在其没入处观察，判断其水中位置，下潜前先调整呼吸，深吸一口气后再做潜入动作。救援者可以采用倒立方式（图 3-2-27）或脚朝下方式潜入水中（图 3-2-28），在接近遇险者时，要仔细评估现场状况，依据其体位采取不同的接近方式。

第三章 漂流救援常用技术

图 3-2-27

图 3-2-28

①脚部接近法。如果遇险者呈俯卧状态，救援者应从其脚部位置接近，从遇险者背面双手托住其双腋，利用蹬地和双腿踩水的力量将其托出水面并实施下一步的救援行动（图 3-2-29）。

图 3-2-29

②头部接近法。如果遇险者呈仰卧体位，救援者从其头部后方接近，从遇险者的头部位置用双手托住其双腋，利用蹬地和双腿踩水的力量将其托出水面，然后实施下一步救援行动（图 3-2-30）。

图 3-2-30

  依据遇险者体位差异采取不同的接近方式，能够最大限度地避免因遇险者纠缠而导致的救援风险。当把遇险者托出水面后（注意避免被带缠绕），一手抓住溺者的衣服或上臂，另一手将浮标拉近，将浮标环绕扣在遇险者双腋下，利用浮标的浮力，将溺者口鼻托起在水面上。如果预估水域深度超出浮标系带长度时，应提前松开浮标带子，以免影响下潜及搜寻。

  在救援接近过程中，救援者始终要把自身安全放在首位。在不同的接近方式中，救援者可以采用提膝、侧身、前置器材、仰卧体位等方式做好突发情况的脱险自保预案。无论任何时候，救援者均需要牢记"保护自己才能够实施有效救援"的原则。

  实施救援过程中要注意，并非所有挣扎的遇险者均是清醒的，也并非所有不动的遇险者均失去挣扎的能力。一般人在遇到巨大的危险情况时，恐慌的情绪会导致视而不见、充耳不闻的情况发生，失去理智的判断能力。主要表现为对情况的判断会出现错误，更多的是本能的动作，例如，不加选择地抓住身边的任何物体。同时，无挣扎迹象或沉底的遇险者也并非一定失去动作的能力。正确认知遇险者的行为特征，才能够避免救援过程中可能遇到的风险，最大程度地保障救援者自身的安全。

5. 救援

  当救生员接近被救对象后，应该马上考虑施救措施。此时遇险者无论是体力还是意识都处于较为虚弱的状态，两三分钟的差别就可能导致完全不同的救援结果。在具体的救援阶段，救援者需要面临复杂的水域环境，此时还需要考虑遇险者的各种不可控因素，因此妥善处理救援过程中的各种细节显得尤为重要。在实施救援的过程中，浮标是重要的辅助救生工具，合理地使用浮标展开救援行动是考验救援人员救生水平的重要参照指标。浮标救援有多种使用方法，主要的接近方法如"背面接近法""正面接近背垫法""沉底接近法"等在前面已经介绍过，这里重点介绍浮标拖带法。

浮标拖带法是指救援者利用浮标对溺水者进行拖带而采取的救援方式。浮标拖带法以救援者是否有意识分为两种救援方式：昏迷者浮标运送法和清醒者浮标运送法。

（1）昏迷者浮标运送法

此方法是在遇险者处于昏迷或体力不支状况时使用。救援者采用此方法时，首先调整遇险者呈仰卧位置，右（左）手托扶遇险者腋下，保持其口鼻露出水面，用左（右）手将浮标放置遇险者胸上，然后救援者双手分别从遇险者腋下穿过，握住浮标的两头用力"向下—向内"在遇险者背部将弯曲浮标两头的扣子扣上，使之成为环型救生圈将遇险者浮起。需要注意的是，浮标的扣子应该在其背面，然后拖带遇险者向岸（船）方向游动（图3-2-31）。

图 3-2-31

如果遇险者离岸（船）边较近，就不需要在水中进行人工呼吸，以免耽误救援时间；如果遇险者离岸（船）边较远或需要等候救援人员支援时，应检查遇险者有无呼吸。判断遇险者呼吸时，救援者可将浮标置于自己的双腋下或使用背垫法固定的方式（图3-2-32），右（左）手夹住遇险者的上臂（图3-2-33），用前臂顶住遇险者背部，左（右）手掌按下遇险者额头，将耳朵贴近遇险者口鼻处，通过听、看、感觉等方式判断有无呼吸（图3-2-34）。遇险者如果没有呼吸，对无呼吸者应每隔5秒进行口对口吹气一次，实施人工呼吸，边吹气边用侧泳方式拖带遇险者回岸（船）边或等待同伴的接应。

· 113 ·

图 3-2-32

图 3-2-33 　　　　　　　　　　　图 3-2-34

（2）清醒者浮标运送法

在离遇险者 3 米处，大声呼叫遇险者抓住救生浮标，同时将救生浮标的一头递给遇险者抓住（传递浮标方法同上），利用浮标浮力将遇险者浮起，当遇险者抓紧浮标后，将其拖带到岸（船）边（图 3-2-35）。

图 3-2-35

如果遇险者意识清醒但明显体力不支，救援者应在距离遇险者 3 米处，先通过语言帮助其稳定情绪并给予提示，然后将救生浮标的一头递给遇险者抓住，协助遇险者将救生浮标的两端分别从其腋下穿过，接着将浮标两头的扣子扣上，使其成为环型救生圈将遇险者浮起，然后将其拖带到岸（船）边（图3-2-36）。

图 3-2-36

二、救生绳

除了救生浮标外，救生绳也是常用的救援器械之一。救生绳与救生浮标相比，具有更广阔的使用领域。由于救生绳比救生浮标长，通常在12米的范围内都可以对遇险者实施有效救援，由于救生绳较轻，此方法容易受风力大小的影响。救生绳的救援对象通常是清醒的遇险者，在水流速度较快的水域中，抛绳的瞄准位置应该在遇险者的下游前方，此类救援器材在漂流救援过程中经常使用。

救生绳长约17~20米，直径约1厘米，由麻、尼龙或有浮力的材质制成（图3-2-37）。

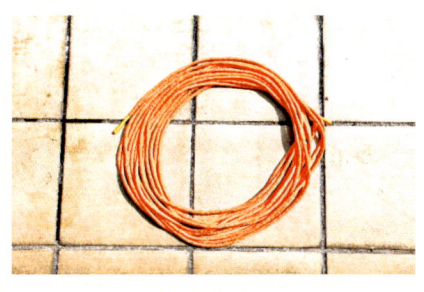

图 3-2-37

由于救生绳需要有一定的缓冲距离，因此救生绳的实际使用范围大约在12米左右。如果救援现场出现大风等情形，救生绳抛出的实际距离可能还会缩短。

在使用救生绳进行救生时，首先遇到的问题是如何进行救生绳的抛投。救生绳的抛投方法主要有两种：低位收绳抛投法与环绕收绳抛投法。这两种技术都能有效地将救生绳抛掷给救援对象，救援者可根据实际操作过程中的熟练程度选择使用。在准备使用抛绳救援前，救援者应提前选择抛投绳索的位置，该地点应满足以下条件：首先，要有足够的空间。在救援者进行抛绳、收绳动作，周边没有障碍物；其次，应有稳固的支撑平面。支撑平面便于救援者做抛绳、收绳动作时保持身体稳定；最后，有借助用力的支撑点。这些支撑点可以是树木、石头、地面的凹穴等，以保障救援者在需要时可以借力，避免被拖入水中或影响成功救援。在救援过程中，救援者需要牢记的原则：救援是在保障自身安全的前提下进行的。任何时候禁止将绳索套在自己的手上，保证在必要时随时松开绳索保护自己避免被拖入水中。

（一）低位收绳抛投

此抛绳姿势体位较低，收绳速度较快，抛投绳索成功率较高。具体步骤如下。

1. 准备

首先目测救援者与遇险者的距离以此决定收绳长度，在投抛前整理好绳子，收绳前（以左手收绳为例），左脚伸直向前，右脚弯曲，右手肘关节固定在右膝盖上，右手握住绳头。左手伸直，虎口向内抓住绳子（图 3-2-38）。

图 3-2-38

2. 收绳

根据目测，判断救援者与遇险者的距离以此决定收绳的长短。收绳时，左手固定收绳幅度，保证每次收绳的长度大致一样，左手在收绳过程中，拇指与食指捏着绳子同向转动，防止绳子转圈缠绕，将收回的绳子交到右手握住（图3-2-39）。

图 3-2-39

3. 抛绳

抛绳的方式根据方向可分为两种：上位抛绳和下位抛绳。

（1）上位抛绳

救援者收绳结束后，右脚蹬伸，上体逐渐抬起身体转向遇险者方向、面对遇险者，右手抓住收回的绳子，直臂做向"后方—上方—前方"圆弧形加速，上臂贴近右耳向前抛投。当手臂挥摆至遇险者头上方位置时松开绳子，将绳索抛向遇险者。另一手手指空握住绳子，让绳子依靠惯性滑行。绳子抛尽后，握住绳子的另一端。当遇险者抓住绳子后，迅速将其拖回。抛绳时，要注意眼睛看住目标，利用手臂、腿部及腰腹的力量将绳抛出（图3-2-40）。

图 3-2-40

（2）下位抛绳

救援者收绳结束后，右脚蹬伸，上体逐渐抬起身体转向遇险者方向，右手抓住收回的绳子，直臂由后、下贴腿外侧向前加速摆臂，当手臂指向遇险者头部上方时，松开绳子，将绳索抛向遇险者。另一手手指空握住绳子，让绳子依靠惯性滑行。绳子抛尽后，握住绳子的另一端。当遇险者抓住绳子后，迅速将其拖回。抛绳时，要注意眼睛看住目标，利用手臂、腿部及腰腹的力量将绳抛出（图3-2-41）。

图 3-2-41

4. 拉绳

拉绳是将遇险者拖回岸（船）边的过程。拉绳前，救援者首先要自己站稳，然后提示遇险者双手将绳抓紧置于胸前，背对救援者，呈仰卧体位。救援者拉绳时两手交替进行收绳。在拉绳过程中，双手用力要均匀，避免遇险者绳索脱手。除了要注意均匀用力外，救援者还要始终观察遇险者被拖回过程中的状态，以免发生遇险者脱手或碰撞水中异物的情况（图3-2-42）。

图 3-2-42

5. 重复抛绳

当救援者抛绳失败后，迅速整理手上的绳索，再次按上述方法从绳尾开始收绳和拉绳。

(二) 环绕收绳抛投

此抛绳技术的特点是体位重心较高、收绳幅度大、速度快，但技术掌握不熟练的人员在抛投时容易发生绳索缠绕情况。具体步骤如下：

1. 准备

在准备阶段，先目测救援者与遇险者的距离，以此决定收绳长度，然后整理好绳子，观察收绳地方是否有妨碍救援的障碍物或影响因素。收绳前（以右手收绳为例），左右脚前后开立，右手握住绳头，身体侧对遇险者，左手向前伸直抓绳（图 3-2-43）。

图 3-2-43

2. 收绳

收绳时，救援者左手虎口向内抓住绳子拉向身体的右侧前方，当左手将绳交给右手后，手心空握救生绳往外捋，同时右手接绳做"向外—向上—向后—向下"环形绕臂动作，当右手再次回到身体前外方时，左手握绳向回拉，将其再次交到右手上，直到收绳结束。右手握绳做循环转动动作过程中，每次转到身体前下方时，右手接住左手递给的绳子（图 3-2-44）。

图 3-2-44

需要注意的是，救援者收绳时速度要均匀，避免右手已收好的绳子与左手外侧的绳子发生碰撞导致纠缠情况的发生，同时右手旋转的方向应保持一个向外的角度。

3. 抛绳

救援者收绳结束后，右脚蹬伸，身体逐渐转向遇险者方向，右手抓住收回的绳子，直臂"向后上方—向外下方—向前上方"做圆弧形均匀加速动作，当手前摆至约水平位置时松手。抛绳时眼睛盯住目标，利用腿部、腰腹及手臂的力量将绳抛出。绳子出手时，手指向遇险者的方向，使其绳索飞向遇险者。同时，救援者左手空握绳子，让绳子依靠惯性滑行。绳子入水后，左手握住绳的另一端（图 3-2-45）。

图 3-2-45

4. 拉绳

拉绳是将遇险者拖回岸（船）边的过程。拉绳前，救援者首先自己要站稳。当判断遇险者抓牢绳子后，提示遇险者双手将绳抓紧置于胸前，背对救援者，呈仰卧体位，然后双手交替迅速拉绳将其拖回（图3-2-46）。收绳过程中，双手要用力均匀，避免遇险者绳索脱手。在收绳过程中，救援者要始终观察遇险者被拖回过程中的状态，以免遇险者脱手或碰撞异物情况的发生。为避免遇险者被拖回的途中呛水，应该提示遇险者双手将绳子抓紧在胸前，身体呈仰卧姿态。

图 3-2-46

5. 重复抛绳

当救援者抛绳失败后，迅速整理手上的绳索，再次按上述方法从绳尾开始收绳和抛绳。

三、救生绳包

救生绳包与救生绳在使用方式上大致相同，不同之处在于救生绳包中绳子被提前装入袋中。由于绳包的绳子被装入包袋中，故其在抛出后飞行过程中空气阻力较小，在使用过程中，绳包比救生绳在抛投时能够到达更远的距离。同理，绳包比救生绳具有更强的抗风能力及更高的准确性。救生绳包在具体使用过程中，主要采取以下步骤：

（一）准备

救援者在投抛绳包前首先观察现场环境，确定离遇险者最合适的位置，避免因追求最近距离而忽略抛绳者站立位置的安全隐患，然后选择能够固定抛绳者自己的地方。如果现场水流较急，还需要选择石块、树木等物体固定身体（图3-2-47）。

图 3-2-47

（二）装绳

首先根据目测，判断救援者与遇险者的距离来决定收绳的长短。装绳时，双手小指、无名指、中指抓住绳袋开口的两侧，用双手的拇指、食指交替往袋子里装绳。

需要注意的是，要防止绳子相互缠绕打结。先收的绳子在袋子的底部，后收的在袋子的上部，避免因绳子乱塞进绳袋而导致抛投时绳子缠绕的情形发生（图 3-2-48）。

图 3-2-48

（三）抛绳

装绳结束后，双脚前后开立，左手抓住绳头。注意千万不能把绳头套在手腕上，以免被遇险者拖入水中。右手提着绳袋提把，右手向后延伸，右脚蹬伸，上体逐渐加深抬起身体转向遇险者方向，然后向前抛出。为增加抛绳的准确性和距离，可适当把绳包预先摆动二三次（图3-2-49）。抛投绳包时，绳包摆动加速的方向应指向遇险者，在手摆至指向遇险者头上方时松开绳包。在右手松开绳袋提把时，左手抓紧绳头。抛投绳包时，要注意眼睛盯住目标，利用手臂、腿部及腰腹的力量将绳抛出（图3-2-50）。抛投绳包时，应将绳包抛掷过遇险者身后，以方便遇险者抓绳。在拖拉遇险者回程时，要提醒遇险者仰卧，将绳子抓牢放在胸前的位置（图3-2-51）。

图 3-2-49　　　　　　　　　图 3-2-50

图 3-2-51

（四）拉绳

拉绳是将遇险者拖回岸（船）边的过程。拉绳前，救援者首先自己要站稳，两脚前后开立。拉绳时两手交替进行，拉绳过程中用力要均匀，避免遇险者绳索脱手（图3-2-52）。在整个拉绳过程中，救援者要始终观察遇险者状态，以免遇险者脱手或碰撞水中障碍物情况的发生。当水流较急而救援者无法拉住绳子时，应及时地将绳子缠绕在石头或树干上，借助水流的冲力将遇险者冲到岸边。

图 3-2-52

(五) 重复抛绳

当救援者抛绳失败,如绳包抛投的位置离遇险者较远,或者需要对其他遇险者进行救援时,应迅速将绳包收回,将绳包装入部分水后,整理手上的绳索,再次将绳包抛出。或者使用救生绳收绳技术从绳包尾部的绳索进行收绳,对遇险者再次进行救援。

在流动水域中实施抛绳救援时,救援者需要提前观察,选择抛绳的位置。由于岸边通常较为湿滑,因此需要救援者提前观察并选择合适的施救地点,充分利用周边环境中的树木、石块、凹坑等条件,便于固定自己的身体及实施抛绳救援行动。在必要时,救援者可以在站立位置就地挖坑,避免在收绳过程中因无法固定自己而导致救援行动失败。由于遇险者处于不断移动的状态,加上绳索在水中流动的速度慢于遇险者,因而无论是使用绳索还是绳包,抛投的方向应该在遇险者的下游位置,使遇险者能够及时抓住抛来的绳索。

四、救生圈

救生圈也是游泳救援常用的救生工具。救生圈的优点是价格低廉、携带方便,可以通过岸上抛掷救援,也可携带其下水实施救援。岸(船)上对遇险者救援时,一般抛投距离为救援者与遇险者之间在 5 米的范围内,可以通过把系上绳子的救生圈抛向遇险者,待遇险者抓住救生圈后将其拖回。

抛投救生圈是每个救援者必须掌握的一项专门技能,需要平时通过练习来掌握其方向与用力。救生圈可以系绳,也可以不系绳。不系绳的救生圈在抛投时,救生员应目测与被救者的距离。抛出时应注意风向、风速及救生圈的重量。系绳的救生圈在抛掷时技术要求与不系绳的救生圈抛掷手法相同。系绳的救生圈事先要整理好绳子，抛出时手一定要握紧或用脚踩住绳子的另一端。当遇险者抓住救生圈后，将其拖至岸（船）边救起（图3-2-53）。

图 3-2-53

五、(带钩) 救援杆

救援杆的使用方法类似于救生浮标，但仍然存在差别。救援杆一般长约3~4米，材质为竹或铝合金，顶端为长约90厘米的橡皮圈。救生杆常在离岸（船）较近，遇险者清醒的情况下使用。当发现遇险者在救生杆施救范围内时，可将救生杆橡皮圈固定的一端递给被遇险者；若救生杆前没有橡皮圈，可用杆头从水面侧向横扫移动到遇险者身边，轻轻点击遇险者的肩部，提醒遇险者抓住救生杆，待其抓稳后将其拖到池（岸）边。需要注意的是，救援者在向遇险者递杆时，切忌使用捅、戳等危险动作，也不能敲击遇险者头部（图3-2-54）。

图 3-2-54

带钩救援杆是救生杆的衍生使用，通常长约4~8米，一头装有鱼钩状的钩子。带钩救生杆钩头较为圆滑，常用于在艇、筏失控状态下钩住水道旁边的固定物（艇筏上使用）或在岸边勾住艇筏将其拖出，不建议采用该器材进行人员救援。在紧急情况下采用带钩救援杆救人时要格外谨慎，可以倒置杆头对意识清醒的遇险者进行救援。

除了上述常用的救生器具之外，还有救生阻拦网（主要在狭窄水道用于拦截遇险人员或艇筏）、绳枪（主要用于距离较远的绳索投放）、无人遥控浮力运载工具等。随着社会的发展，将会涌现越来越多的各类救生器具，使用单位需要密切关注救生科技的发展，依据自身需要进行更新，不断提高企业的安全保障能力。

第三节　高级救援技术

漂流场地情况各异，发生紧急情况的状态也各不相同。常见的救生浮标、救生圈、救生杆等救生工具不一定能满足漂流场地的所有需要，因此在某些情况下有必要使用更为复杂和高级的救生技术。这些高级的救援技术就包括救援板、救援艇筏等的使用。

一、救援板

目前，救援板在水面开阔的水域使用较多。虽然漂流场所水域一般较为狭窄，使用救援板的情况较为少见，但救援板的应用作为备选的技术仍有学习的必要。

救援板长度约3米，宽度约0.6米，厚度约0.15米，板身由玻璃纤维构成。救援板特点之一是价格低廉，不用充气，重量轻，携带、运送方便。救援板的另一个突出特点是启动速度较快，在较短距离内具有比机动艇筏更高的救援效率，能够满足对清醒及昏迷的遇险者实施救援的需要，因此救援板常为自然水域救生员使用。救援板虽然有许多明显的优点，但使用过程中仍有一些限制，如在有较大浪的区域，在激流或弯道较多、水流动方向多变的区域或对较远距离的遇险者不宜用救援板进行救援。救援板的救援技术包括入水、前出、救援、运送和上岸等步骤。

（一）入水

当水域出现险情时，救援者单手提拉救援板的侧面扶手，选择最近水域的线路，跑至水深至膝盖及以上处，将板头对准前进方向，把救援板向前推送并放下（图3-3-1）。放置救援板时需要注意救援板下的方向舵不能触碰水底。

图3-3-1

（二）前出

前出是指救援者提板进入水中后，到达救援区域的整个渐进过程。在这个过程中，由于距离、水域环境、风力大小、水面状况与救援者技术熟练程度不同，需要根据实际的救援情况合理运用不同的救援板操作技术，一般的救援板操控技术包括上板技术，不同身体姿势的板上划进技术、浪区划进技术与操纵救援板转弯技术等。

1. 上板

（1）跑动上板

救援者在跑动的过程中迅速将救援板放入水中，将板头对准前进方向，双手抓住板侧的抓手，双脚向下用力蹬地，身体"向上—向前"跃起。在身体向板上落下的过程中，双手稍用力向下支撑，调整身体的下落位置，减少身体对板的撞击力，避免造成翻板（图3-3-2）。在上板时，通常采用跪姿方式（图3-3-3），采用跪姿方式时，救援者两膝应跪在板的中部偏后两侧位置。如果技术不熟练或风浪较大，也可直接采用趴姿上板，以降低身体的重心、增加稳定性。

图 3-3-2　　　　　　　　　　　　　图 3-3-3

（2）趴姿上板

趴姿上板的方式主要是划板过程翻落水中上板时使用。有侧面攀爬与板尾攀爬两种，使用者可以依据水域或自身情况自主选择。

①侧面上板。采用侧面上板的方式时，首先要把救援板翻正，在板的中部偏上位置用双手抓住板上的拉手，利用双脚蹬水以及双手拉动、按压板的力量，使上半身横趴在板上（图 3-3-4），然后在控制身体平衡的情况下，头向板头方向将身体水平转动 90 度，双脚先后移至板上完成上板动作（图 3-3-5）。

图 3-3-4

图 3-3-5

②板尾上板。采用板尾上板的方式时，首先救生员将板翻正，游至板尾位置，用双手握住板尾两侧扶手，然后利用双脚蹬水和双手拉动、按压板的力量，使上半身纵向爬在板尾上，双手松开板尾扶手向前抓握板中部的扶手，两手用力后拉，将身体移动至救生板中部，在移动至中部以后不断调整位置直至身体平衡和稳定（图3-3-6）。

图3-3-6

2. 划进

救援者上板后，采取跪姿或趴姿将身体固定在救生板中央，此时需不断调整身体位置稳定平衡，当准备就绪后开始朝遇险者方向划进。在划进时，救援者身体主要采取跪姿或趴姿两种划板方式。

（1）跪姿划进

采取跪姿划进时，如果救援者采用趴姿方式上板，一般先趴在板上划水2到3次，使板有一定的向前速度后，救援者双手用力抓住救生板两侧的扶手，双手撑起上体，利用手、腰腹与下肢的力量迅速完成双腿同时跪板动作。救援者在采取跪板姿势时，两膝应跪在板的中部偏后位置，两膝平行分开跪在板的两侧，两脚分开，脚尖绷直，脚背贴在板的两侧，臀部坐在脚跟上。在划进的过程中，准备动作是身体重心向前降低，上体前倾，下巴前伸，手指自然向前伸直并拢，手指贴水面在板前方最远端贴板侧入水，然后双臂伸直贴近板边均匀用力向后加速划水（图3-3-7），手掌在划水过程中应始终对准划水方向。当双手划过肩的垂直面时，身体适当上抬，使腰部肌肉得到适当放松，同时肩部位置的提高也可以减少手臂空中移臂时的高度，减轻肩部肌肉的疲劳。移动手臂时要放，肘松时关节弯曲，双手手指贴近水面前移，在身体前方远点入水，完成一个完整的划水过程（图3-3-8）。划水动作应以髋、肩关节为轴进行划水，用力时要充分利用腰背、肩及手臂的力量，提高划水的工作效率。

图 3-3-7

图 3-3-8

（2）趴姿划进

趴姿划进是身体俯卧在板上完成所有的划水动作。趴姿划进主要在转弯、过浪区、上板等时段使用。初学者由于在救援板上控制身体平衡能力较弱，在开始学习阶段往往也采用趴姿划进。采用趴姿划进时，划板者手臂水下动作与跪姿划进相似。与跪姿划进相比较，趴姿划进的优点在于趴姿时身体更贴近水面，因而稳定性较好，划水过程中手的划水深度与长度较跪姿划进更深、更长。其缺点也因为身体紧贴板面，在划进过程难以充分利用臀及腰背肌肉的力量，其空中移臂过程相比跪姿抬得更高，往往造成肩部肌肉负荷较大，更容易出现疲劳症状。故此在距离较长的划板过程中更多地使用跪姿划进（图3-3-9）。

图 3-3-9

无论是跪式划进还是趴式划进，手臂动作的协调和配合都显得尤为重要。在划进过程中，手臂动作可采用"单手交替"（图3-3-10）与"双手同时"

(图 3-3-11)两种方式。无论采取单手交替划水还是双手同时划水,手臂划水动作均应均匀加速。在采用单手交替趴式划水时,为平衡身体由于划水造成的不平衡状态,可根据两手交替划水的节奏,采用两腿膝关节弯曲,小腿空中交替打腿动作来平衡身体。

图 3-3-10　　　　　　　　　　图 3-3-11

3. 浪区划板

浪区划板是划板技术的一个重要组成部分。除了一些特殊环境如泳池或池塘外,通常水域环境中都会遇到水浪,因此掌握有浪条件下的划板动作显得十分必要。浪区划板技术主要由避浪、破浪、借浪三部分组成。

(1) 避浪

避浪是在划板的前进方向与浪前进方向相反时所采用的一种划板技术。针对浪的大小差异(浪的大小判断主要依据划板人的技术能力),划板者可以做出以下选择:当遇到大浪时,可以跳进水中,双手抓住划板的扶手,待大浪过去后,利用板的浮力使身体露出水面,然后重新上板划进;当遇到不是特别大的浪时,可以采取俯卧板中的姿势,通过降低重心来增加稳定性,待浪过去后重新划进。

(2) 破浪

当救生员遇到小浪时,可以选择不改变跪姿划板姿势,在板头到达浪底保留身体上部稍稍直立抬高,使身体重心上抬;当浪将板抬高过程中,身体随之前倾,降低身体重心,尽量减少因浪的原因导致身体重心的变化,保持重心的相对稳定。

（3）借浪

当救援板前进方向与浪的方向一致时，采用借浪技术可以节省划板体力，加快救援板前进的速度。在采用借浪技术时，划板人首先观察浪的情况，选择板后方的大浪作为目标，在板距离大浪七八米时，调整救援板的前进速度接近浪的速度，当大浪距离救生板1~2米时，加快手部划水的频率，使救援板保持在浪的前倾斜面，利用倾斜面产生下滑力量推动救援板前进。如果发现救援板下滑速度过快将进入浪前面的底部时，可以调整救援板前进方向来减缓板与浪前进速度不一致的状况；如果发现救生板前进速度减缓，将退至浪顶时，可采用加快手臂划水的方法使救生板与浪前进速度保持一致。救援板保持在浪前倾斜面的时间越长，借浪产生的推进力就越大，救援者划进的过程就越省力。

在划进过程中应尽量避免侧面对浪，以减少浪对救援板的冲击，因为这种情况下救生板的稳定性较差，救援者很难保持在板上的身体平衡。

4. 转弯

救援板在划进过程中由于受到风浪、水流、划板者两臂划水力量差异及救援目标位移等因素的影响，往往在划进过程需要调整救援板前进的方向，因此救援板的转弯也是救生过程中的常用技术。常见的转弯方法主要有以下几种。

（1）跪姿划板转弯法

跪姿划板转弯法往往用于水面波浪较小的水域，并依据转弯角度的大小分别使用不同的方法，其目标是尽量减少因转弯导致救援板前进速度的下降。

①长、短臂划水转弯法。此方法常用于对板的前进方向进行微调时。采用此方法时，救生员依据转弯的方向，同侧手臂划水路线缩短，另一手臂保持原来的划水路线。例如，当救援板前进方向右侧微调时，右手划程比左手短。这种方法可以保证在救援板前进速度不减的前提下实现方向的微调。

②单臂划水法。当转弯角度稍大时，可通过单臂划水的方式来进行转弯。例如，当救援板需要向右转时，救生员右手不动，通过左手用力划水实现救援板右转（图3-3-12）。与之类似，左转弯的操作也采用这一方式。此方法的技术优点是转弯时前进速度影响较少，缺点是转弯半径大。

图 3-3-12

③单手挡水转弯法。当转弯角度较大时，可采用单手挡水转弯法进行转弯。此方法通过转弯方向一侧的手垂直插入水中，另一手保持划水实现救援板的转向。例如向右转弯时，左手保持划水，右手在肩的后下方插入水中保持不动，使板受到偏转的力矩，完成救援板的转向（图 3-3-13）。

图 3-3-13

④双臂反向划水转弯法。当转弯角度更大时，可采用双臂反向划水转弯法进行转弯。采用此方法时，通过转弯方向一侧的手向前划水，另一手向后划水，双手呈反向划水实现转弯。如果需要救援板右转，可以通过救生员左手保持由前向后划水，右手用力由后向前划水来实现右转弯（图 3-3-14）。此方法的优点是转弯速度较快，缺点是救援前进速度损失较大。

图 3-3-14

⑤提板踢水转弯法。当需要急转弯时，救援者可采用提板踢水转弯法进行转弯。采用此方法时，在转弯处双手用力前撑，同时身体快速地向后滑至板尾处，双手换手抓握板尾处拉手，身体后仰，同时利用身体力量，双手用力向后上方拉板，使救援板前半部分离开水面，然后双脚反向弧形踢划水，实现救援板原地任意角度的快速转动。此方法的优点是转弯速度快，缺点是对救生员操作技术要求较高，在风浪较大时操作难度较大（图 3-3-15）。

图 3-3-15

（2）趴姿划水转弯法

此方法用于风浪较大，采取跪姿无法保持身体平衡或使用救援板技术不熟练者。采取此姿势划水转弯技术与跪姿划板转弯法相同。趴姿划水转弯法的特点是重心较跪姿低，因而在转弯过程中稳定性较好，不容易因浪及转弯过程的离心力导致身体失控。其缺点是转弯前由跪姿转换为趴姿，或转弯后由趴姿转换为跪姿，这一过程中需要一定的停顿时间，这会使救援板前进速度受到影响。

在操纵救援板转弯过程中，救援人员要注意身体的平衡掌握，转弯时速度越快、转弯半径越小，其带来的离心力也就越大，为保持身体平稳，划板者需要调整身体的倾斜度来维持身体的平衡，保持救援板的稳定。

（三）救援

使用救援板接近遇险者时，要注意风浪的大小、水流速度、方向及遇险者状态，选择对实施救援行动影响最小的位置，缓慢匀速地接近救援对象。接近救援对象后，救援者一般采取坐姿观察救援对象，并根据救援对象的意识状况采取不同的救援方式。救援对象的意识情况依据救援行为可分为清醒者救援和昏迷者救援两种方式。

1. 清醒者救援

清醒者救援指的是救援对象意识清醒，有行为动作能力，能配合救援者完成救援行动。清醒者的上板动作分为后位上板和前位上板两种。

（1）后位上板

救援者在接近遇险者时大声呼叫，提示遇险者从板尾爬上救援板。在距离遇险者2米左右，救援者跨坐在板上，调整救援板位置并趴下，使板尾缓慢地靠近遇险者或提示其游至板尾（图3-3-16），双手抓住板尾扶手用力，从板后方爬上。遇险者上板后，调整身体置于救援者两腿之间，头置于救援者臀部之上（图3-3-17）。

图 3-3-16 　　　　　　　图 3-3-17

（2）前位上板

接近遇险者时大声呼叫，提示遇险者从救援板前端爬上。在距离遇险者2米左右时，救援者跨坐在板的后半部。通过调整救援板位置使救援板前侧缓慢靠近

· 135 ·

遇险者（图 3-3-18），并协助其从板前方爬上。救援者身体置于遇险者两腿之间，头置于遇险者臀部之上（图 3-3-19）。

图 3-3-18

图 3-3-19

2. 昏迷者救援

昏迷者救援比清醒者救援要更为复杂，因为昏迷者无法配合救援者进行救援行动。昏迷者的救援行为大致分为以下步骤。

（1）接近

当救援者接近遇险者 2 至 3 米时，通过大声呼叫、泼水等方式呼唤遇险者，并观察其状况。当判断遇险者无反应时，划进至距离遇险者 1 米左右，救援者跨坐在板上，调整救援板位置，使救援板前侧缓慢靠近遇险者（图 3-3-20）。

图 3-3-20

（2）翻转

先用右（左）手抓住遇险者左（右）手，将遇险者的手按压在板的右（左）侧下方（图 3-3-21），救援者压紧遇险者的手，然后另一只手压住板边，向左

(右)侧倒入水中(图3-3-22),利用身体的重量翻转救援板,使救援板底部朝上,将遇险者左(右)手翻转至板底上(图3-3-23),头和上体露出水面。

图 3-3-21

图 3-3-22

图 3-3-23

(3)再度翻转

救援者换手,用左手压住遇险者的左(右)手,用右(左)手拉住救援板的远侧,右(左)膝盖压在板的近身端(图3-3-24),利用双手、膝盖的力量用力将救援板再度翻转,使板恢复至正常位置(板面朝上),这样遇险者横卧于板的中央(图3-3-25)。

图 3-3-24

图 3-3-25

(4) 上板

救援者调整遇险者体位，使其头朝前俯卧在救援板中前位置，然后自己从板的后方缓慢爬上救援板（图3-3-26）。上板时，要注意板的稳定和平衡。

图 3-3-26

(四) 运送

当遇险者上板后，救援者采用趴姿划板方式将其运送到岸边。救援者划水方式可采取双手同时划水或双手交替划水。运送前要确定合适的运送地点，确定运送路线；运送时要密切观察沿途线路、水流、浪等，避开各种障碍物，及时将遇险者送至岸边（图3-3-27）。

图 3-3-27

(五) 上岸

救援者将遇险者运送到岸边时，岸上人员应提前在水中接应。接应的人员需要根据遇险人员的具体情况，采用搀扶、肩背、担架等恰当方式将其运送到最近的急救地点进行进一步检查和开展后续的救援措施（图3-3-28）。

图 3-3-28

二、救援艇筏

救援艇筏指的是对公众开放的活动水域中承担游客安全监护与救援的艇或筏。艇筏救援活动是指在救援过程中，救援者利用艇筏对遇险者实施救援的过程。救援艇筏的特点是容量大，速度快，可以承载较多的救援人员及救援工具，能够在较复杂的水域环境对多名遇险者进行施救。艇筏救援虽然具有独特优势，但在近距离或水下环境复杂的水域并不能完全发挥作用，也并不能完全替代其他的救援方式。因此在实际救援过程中，这种救援方式还需要与救援板及其他救援器械等配合使用，才能有效保障游客的人身安全。

（一）救援艇筏特点

漂流场所使用的救援艇筏应充分考虑漂流环境及漂流活动的特点，能够满足漂流活动中水域救援及安全监管的要求。在选择使用救生艇筏时应考虑以下因素：

①在漂流场所使用艇筏时，应当考虑水中人员的安全问题。承担救援任务的艇筏使用的螺旋桨周边应该安装保护装置，预防艇筏在执行救援任务过程中螺旋桨误伤水中人员，同时也可以避免螺旋桨在浅水区域触碰坚硬物体而造成的损坏。

②漂流场所使用的艇筏常常在水流较急的环境下执行救援任务，艇筏的周边应有柔性材料包裹，以减少发生碰撞时对人体的伤害，同时柔性材料也能够在艇筏与水中坚硬物体发生碰撞时起到保护艇筏的作用。

③漂流场所因为水域较浅、风浪较小，因而使用的艇筏主要以平底为主，以减少吃水的深度。

④漂流救援任务并非只是漂流救生员（救援者）的事情，许多时候需要驾驶员的配合，因而所有现场参与救援的人员均需要掌握相关的救援知识与技能。

⑤在漂流场所使用的艇筏，船舷上应配置抓手、绳索及常用的救生器材，以备突发情况发生时满足救援工作的需要。

在对公众开放的水域中，承担安全监管与救援的艇筏种类繁多，根据不同的标准有不同的分类：按动力配置划分，可分为有机动力与无机动力；按建造材料划分，可分为硬质的救生艇与软质的救生筏。

（二）救援艇筏作用

漂流场所开展漂流活动的运载工具主要通过艇筏来完成，无论是游客进行漂流体验还是漂流救生员进行安全监管与救援都需要机动艇筏的参与。由于机动艇筏速度快，能够快速到达遇险者所在区域，因而适宜巡查及在长距离救援中发挥作用。在水域救援中，艇筏救援主要起到以下作用。

1. 安全监管

漂流水域环境复杂，一般情况下漂流救生员在岸边对游客漂流全程进行有效监管与掌控，但在某些特殊的地段与水域，岸上的监管无法满足企业对游客安全监管的需要或两岸地形无法保障漂流救生员实施安全监管、救援工作时，可借助艇筏在相关水域巡逻来承担安全监管工作，以便于及时发现险情，迅速采取应对措施。

2. 现场救援

漂流活动的特点是通过水流动力，让游客完成漂流活动。在漂流的水域环境中，难免会出现某些水域不适合救生员下水救援，因而艇筏就能满足这一区域救援的需要，可以实现就近、快速地对遇险者实施救援工作。

3. 各类人员及伤员运送

漂流场所的艇筏除了可以实施安全监管与现场救援外，还能够迅速地运送遇险者。漂流场所地形复杂，交通限制较多，在某些水道连徒步行走都很困难，更遑论通车。在险情出现的情况下，可以通过艇筏运送救援器材和救援者，以便缩短救援时间。此外，当遇险者需要及时运送医院治疗时，通过艇筏的水路运送往往能够缩短运送时间，提高救援效率，为遇险者赢得宝贵的救援时间。

(三) 艇筏救援技术

艇筏的救援技术多种多样，面对不同的水域环境和救援对象，救援者需要现场评估，采用最恰当的方式实施救援。国内大部分漂流场所主要以充气式救生筏进行救援。救援艇筏的救援步骤大致分为六个部分：入水、启动、登筏、观察、救援和回岸。在救援过程中难免会遇到艇筏翻覆的情况，因此还需要了解侧翻艇筏的扶正技术。

1. 入水

当险情发生时，驾驶员与救援者应该迅速到达艇筏位置，分别站在艇筏的两侧，双手抓住艇筏两侧的抓手，尽快把艇筏移至水边。艇筏起动前的正确位置应该是船头对水、船尾对岸，水深能够满足螺旋桨的正常运转。

2. 启动

当艇筏达到合适位置后，救援者站立水中固定艇筏。驾驶员蹬上艇筏，进行启动前的准备，把节流阀放至启动位置并视情况打开风门，此时需要检查挡位是否在空挡上。完成这些工作后，驾驶员开始启动艇尾机。

3. 登筏

救援者在驾驶员成功启动艇尾机后，根据站立的位置和水深的差异选择合适的上筏方法。需要注意的是，通常艇筏抬至岸边时是空船，因此需要考虑驾驶员和救援者上筏后，艇筏吃水深度会有所增加，避免出现人员上筏后螺旋桨触底的情况。如果挂挡时因吃水深度不够损坏螺旋桨，就会耽误救援任务。通常而言，救生员上筏有以下几种方法：

(1) 跨步式

跨步式上筏主要用于水位较浅，救援者能够跨入筏中的情形。使用该方法时，救援者左手抓住艇筏把手，右侧脚跨入筏中。空出的右手抓住把手，同时左手松开，身体侧移，身体坐在筏边，上体前倾，后脚跨入筏中完成登筏（图3-3-29）。

图 3-3-29

(2) 跳入式

使用该方法时，救援者双手按压艇筏边缘，利用双腿蹬离地面及双手按压艇筏边缘的力量，迅速地完成上筏动作（图3-3-30）。

图 3-3-30

(3) 臀转式

当水底较深而无法使用跨入式或跳入式时，可以采用臀转式上筏。使用该方法时身体侧对艇筏，双手扶在筏边上，利用双腿蹬地的力量及双手按压筏边的力量，臀部坐在筏边上，然后转身完成上筏动作（图3-3-31）。

图 3-3-31

(4) 滚翻式

当艇筏位置水深较深，跨步式、跳入式、臀转式均无法使用时，可以采用滚翻式上筏。该方法使用时身体正对艇筏，双手扶在艇筏边上，利用双腿蹬地的力量及双手按压筏边缘的力量，使身体俯卧在艇筏边缘，先把一脚抬到筏边上，然后转身翻转完成上筏动作（图3-3-32）。

图 3-3-32

4. 观察

救援艇筏到达遇险者所在区域后，救援者需要先观察现场情况，然后决定采取何种救援措施。观察是艇筏救援中的重要环节，也是救援行动成功与否的关键因素。当艇筏靠近被救对象区域时，救援者需要仔细观察和评估环境，综合考量各种因素，然后决定救援的具体步骤。经过科学的现场评估后，救援者再决定采取船上救援还是下水救援方法。如果救援者决定下水救援，何处入水，怎样入水，如何接近，拖带遇险者到何处，如何上船等都是救援者需要依据现场观察的情况进行评估后迅速做出救援方案。如果能够在艇筏上对遇险者实施救援，救援者不要选择冒险下水救援方案。在某些特殊环境下,遇险者已经没入水中或水域环境复杂,艇筏不能到达救援位置,救援者不得不选择入水救援时也需要注意入水方式。

5. 下水救援

当艇筏到达遇险者最近的安全位置后,首先要评估救援水域环境与遇险者状况,依据水域与水下环境的特点,选择恰当的救援方式。当艇筏接近遇险者,救援者可以采用下水救援的方式,也可以在艇筏上实施救援。

(1) 救援者下水救援

如果救援者采用下水救援的方式,通常有以下入水方式。

①鱼跃浅跳式。选择鱼跃浅跳式入水法时,应该确定该入水位置的水深能满足深度的要求,并确定水下的环境没有障碍物。采用该方法起跳时应该考虑艇筏的稳定性,避免因用力过大而导致艇筏翻覆(图3-3-33)。

图 3-3-33

②转身下水式。转身下水式入水主要用于入水水域较浅或水下情况未知等情形。使用该方式入水时,背向艇筏,坐在艇筏边上,上体侧转,两手按在身体的右(左)侧,然后向右(左)转身,双手用力支撑在艇筏边缘,身体慢慢没入水中(图3-3-34)。

图 3-3-34

③跨步式。跨步式入水是主要用于使用面镜或潜水器材对遇险者进行救援的一种入水方式。跨步式入水只限于该入水点能满足水深要求，并且确定水下没有障碍物。入水时，救援者站立在艇筏边上，背向艇筏，用右手手指压住面镜（穿戴潜水装备时先给浮力调整装置充气，后用手掌根部按压呼吸器，左手胸前持救援器材以固定潜水装备，一脚向前大步迈出，当水没到救援者胸部时两脚用力夹水。需要注意的是，该入水方式不是向上起跳，而是用力前跨，尽量避免破坏艇筏的稳定性，以免艇筏翻覆（图 3-3-35）。同时，在救援者做入水动作前，驾驶员应该移至艇筏的另一侧，以保障艇筏的平衡。

图 3-3-35

④后倒式。后倒式入水是主要用于使用面镜或潜水器材对遇险者进行救援的一种入水方式。后倒式入水方法只限于该入水位置的水深能满足要求，并确定水下没有障碍物。入水时，救援者面向艇筏，背对入水位置坐在艇筏边上。用右手手指压住面镜（穿戴潜水装备时，用手掌根部压住呼吸器），左手胸前持救援器材以固定潜水装备。当装备完毕后，身体后倒，双腿收紧在胸前，入水后游出水面（图 3-3-36）。同样，驾驶员也应该移至艇筏的另一侧，以保障艇筏的平衡。

图 3-3-36

（2）艇筏接近救援

如果救援者采取艇筏接近救援的方式，通常采取以下步骤：

①接近。艇筏接近是指采用艇筏救援时，为了迅速、安全地接近遇险者，通过观察及判断，确定最终实施救援方法的过程。采用艇筏接近救援时，首先判断水域环境与遇险者的体位状况，流动的水域中接近遇险者时要优先考虑从下游开始接近。为保障遇险者安全，艇筏在接近离遇险者较近距离时应放慢速度，从下风或下游位置接近遇险者。在接近过程中，救援者应避免船头直接对着遇险者，防止遇险者与艇筏发生碰撞。救援者在接近时应大声提示，同时仔细观察，判断遇险者是否清醒，以选择好合适的救援方式。对清醒的遇险者，可以通过艇筏侧面缓慢靠近或通过抛投浮标、救生圈、绳索等将其拖到艇筏边上实施救援。

②上艇（筏）。上艇（筏）是救援者帮助遇险者脱离险境的重要步骤。在帮助遇险者上艇（筏）过程中，需要避免遇险者的二次伤害。不同状态的遇险者的上艇（筏）方式有所不同，救援者根据现场情况灵活处置。

A. 清醒者上艇（筏）法。驾驶员在救援者的指挥下将艇筏左侧接近遇险者位置，然后把艇尾机挡位调整至空挡位置。救援者从右舷移至左舷（注意保持艇筏平衡）。此时可采用以下方式上船：

a. 背面拖腋上艇（筏）法。救援者用双手抓住遇险者的手，调整遇险者，使其背靠船舷，救援者双脚插入艇筏底板与气囊的缝隙，膝盖跪在气囊上，用双手从遇险者背后腋下插入，用力向上后仰把遇险者拉入艇筏中（图3-3-37）。该方法适合遇险者具有一定体力，船舷离水面较高时使用。

图 3-3-37

　　b. 背面提拉上艇（筏）法。使用背面提拉上艇法时，救援者调整遇险者使其背对船舷，双手正抓住遇险者双手手腕，用力向上提拉遇险者，当遇险者臀部高于船舷时向后用力，使遇险者坐在船舷上，然后协助其翻入船中。此方法适合遇险者丧失体力，船舷离水面较低情况使用。

　　c. 正面提拉上艇（筏）法。救援者调整遇险者，使其面对船舷，抓住遇险者双手手腕，用力"向上—向后"将遇险者拉上船边俯卧在船舷，然后协助其翻入船中（图3-3-38）。在救援者拖拉遇险者的过程中，驾驶员一方面保持艇筏的平衡，另一方面协助救援者，尽快地将遇险者拖拉上来。采用正面提拉上船法时，救援者提拉遇险者上船后需要注意轻放，避免遇险者脸部被碰伤，必要时将被救者的脸部放置在自己的脚背进行缓冲。

图 3-3-38

　　d. 水下正面蹬踏上艇（筏）法。该方法适用于清醒的遇险者。当遇险者因体力不支，在船上人员帮助下也无法上船的情况下使用此上船方法。采用此方法时，首先让遇险者正对船侧，双手抓住船舷固定物，身体稍稍右转。救援者下水在遇险者正背面，双手抓握船舷固定物，右脚膝关节弯曲，脚底蹬在自己的左膝关节上，建立一个三角形的稳定支架，然后让遇险者提起右脚踩在救援者右腿大腿靠身体的部位，在救援者的指示下，遇险者双手及右脚向下用力攀登上船（图3-3-39）。遇险者在攀登时，救援者双手用力拉紧船舷，双脚用力固定支架以便遇险者有固定的蹬踏支撑点。

图 3-3-39

e. 水下背面蹬踏上船法。此方法适用于当遇险者因体力不支，在船上人员帮助下也无法上船的情况。采用此方法时，先帮助遇险者抓住船舷固定自己，救援者在遇险者右侧面双手抓握船舷固定物，提示遇险者在其发出指令后，用右脚蹬踏救援者左肩攀登上岸（图3-3-40），救援者双手抓握船舷固定物，发出上船指令，深吸一口气，将身体没入水中（图3-3-41），在救援者的指示下，遇险者双手抓住船舷，右脚向下用力蹬踏救援者左肩攀登上船（图3-4-42），在遇险者攀登时，救援者双手用力拉紧船舷，双脚用力踩水，稳定身体以便遇险者有固定的蹬踏支撑点（图3-3-43）。

图 3-3-40 　　　　　　　　图 3-3-41

图 3-3-42　　　　　　　　　　　　图 3-3-43

　　f. 绳索攀爬蹬船法。绳索攀爬蹬船法主要用于水中人员因体力不支或船舷离水面较高，水中人员无法借助其他辅助工具或合适位置攀爬上船的情况。

　　此方法主要利用船上抛下的绳索，帮助被救者借助绳索的固定力量，通过一定的攀爬技术，迅速离开水域回到船上。此技术动作要领如下：首先双手握紧绳索，左脚外侧勾住绳索。接着右脚在左脚上方用脚外侧贴住绳索，然后用力向左内侧下方踩踏。然后左脚上勾，用脚内侧将绳索踩踏在右脚背上固定，通过双脚用力踩踏绳索及双手抓绳索的力量，使身体上升离开水面。重复上述动作，直到能够利用船舷回到船上。

　　B. 昏迷者上船法。由于昏迷者无法配合救生员的救援行动，因此救援方式更强调救援员之间的协调配合。昏迷者上船法主要采取以下方式：

　　a. 双人配合上船法。驾驶员在救援者的指挥下，将艇筏左侧接近遇险者位置，救援者从右舷移至左舷（注意保持艇筏平衡），用手抓住遇险者的手，调整遇险者背靠船舷。救援者双脚插入艇筏底板与气囊的缝隙，膝盖跪在气囊上，指挥驾驶员稍微加速，利用艇筏前进力量的拉动，使遇险者的下肢漂浮靠拢艇筏后部的水面位置。此时，驾驶员用左手抓住遇险者的脚，在救援者的口令下一起用力将其拉上艇筏（图3-3-44），此上船方法在某些时候也可以对体力消耗过大的清醒遇险者使用。

　　b. 正面提拉上船法。方法同上，此处不重述。

　　c. 背面提拉上船法。方法同上，此处不重述。

图 3-3-44

6. 回岸

把遇险者拉入艇筏后，救援者需要对遇险者状况进行初步情况的检查评估。如遇险者伤情严重，需要及时与岸上人员沟通，准备把遇险者送往就近医院治疗。对呼吸心跳停止的人员，应尽早进行心肺复苏。遇险者被救援上船后，应提前与岸上接应人员进行沟通，确定接应人员数量、器材、遇险者状况及上岸位置，如果有必要提醒岸上人员及时与医务人员或"120"沟通，并根据沟通结果确定的上岸路线，返回码头或上岸位置。接近返回位置时，在留意航行线路的情况下，到达上岸位置前应提前减速。在滩涂边靠岸时，救援者要留意水下情况，必要时提醒驾驶员注意。为防止螺旋桨刮磨水底，驾驶员在合适的位置挂上空挡，把艇尾机抬起固定好，利用惯性滑行到停泊处。到达停泊位置后，按照以下流程帮助遇险者上岸：

①船上救援者下水固定艇筏（图 3-3-45）。

图 3-3-45

②岸上接应人员接应或登船（图 3-3-46）。

图 3-3-46

③接应者根据救援者或遇险者的陈述，采用合适的方法帮助遇险者下船（图 3-3-47）。

图 3-3-47

④根据遇险者身体状况选择护送遇险者上岸，常用的方式包括搀扶、背运、肩背、担架等运送方式（图 3-3-48）。如果怀疑遇险者脊柱受伤，则禁止使用肩背法进行运送。

图 3-3-48

⑤遇险者上岸后，医务人员在现场根据遇险者或救援者的陈述检查遇险者身

体，对其身体状况进行评估，选择后续的处理方案。

(四) 艇筏扶正

救援艇筏行驶过程中，由于受到风浪、水流、水道障碍物等因素的影响以及船上人员错误坐位、驾驶员操作不当等原因，往往会导致艇筏的翻覆，不但耽误对遇险者的救援行动，还会严重影响艇筏上人员的人身安全。正确掌握翻艇扶正技术能大幅减少救援者的风险，提高漂流的救援效率。翻艇救援技术是一个复杂的综合技术，包括三个方面的内容：翻艇逃生技术、翻艇扶正技术和翻艇救援技术。

1. 翻艇逃生技术

翻艇将严重威胁艇上人员的安全，为避免该类情况发生，艇筏上的人员及驾驶员必须严格按照有关的规定执行。当艇筏发生意外时，艇上人员应及时离开，以免被扣在下面，导致发生严重的后果。翻艇逃生技术主要有以下几种方法：

①当预见艇筏可能发生倾覆时，应提前跳离艇筏，游离危险区域，避免被扣在艇筏下面。

②在平静水域落水前，先深吸一口气，然后逆风游进，游出艇筏下方后再出水。

③在流动水域落水前，先深吸一口气，然后潜入水中，通过双手抓住水下能固定身体的物件、双手插入水底的泥沙中、逆水流方向游动等方法，等待水流将艇筏冲离头顶上方位置后再出水。

④如果发生人员被艇筏扣在下面，应用手探索艇筏边缘，然后选择潜出的方向，或者把艇筏从头上拉开。

⑤当身穿救生衣被艇筏扣在下面时，在救生衣浮力的作用下，人员往往会因浮力顶在艇筏底部，这时候被扣人员如果试图潜出艇筏就变得相当困难。正确的应对方法：A. 托起艇筏一侧，从空隙中离开艇筏；B. 如果被困者无法托起艇筏，应及时卸除救生衣，然后再做潜泳逃生动作。

2. 翻艇扶正技术

在水域中遇到艇筏翻覆的情况下，为保障救援自身安全及继续完成救援任务，扶正翻覆的艇筏是每一位救援者需要掌握的一项基本技术。通常扶正侧翻的艇筏采取以下流程和步骤。

(1) 观察

救援者在扶正艇筏前要先观察艇筏及周围情况，如水流方向、风向、艇筏附近水中障碍物情况等。

(2) 准备工作

救援者在接近翻覆的艇筏时，应选择在艇筏下风或上游位置攀爬艇筏进行扶正操作，在保障自身安全的前提下完成艇筏扶正任务。救援者应避免在艇筏下游及上风处进行艇筏扶正操作，前者因视觉盲区，容易使救援者因无法观察环境而导致身体与水中障碍物发生碰撞受伤，后者会因逆风进行艇筏扶正，受到风力影响，增加扶正难度，导致艇筏扶正操作失败。准备步骤如下：①救援者将绳索一头固定在艇筏一侧，另一头从艇筏底部上方抛至艇筏另一侧（图3-3-49）；②救援者调整艇筏位置，使松脱绳头的一侧在上游或下风位置（或让准备攀爬一侧艇筏位于上游或下风位置）；③救援者游至艇筏松脱绳头一侧位置（图3-3-50）。

图 3-3-49 　　　　　　　　　　图 3-3-50

(3) 扶正

救援者双手抓住绳索从艇筏侧面攀上艇筏底部，双脚弯曲蹲在艇筏一侧，然后救援者身体站立并后仰，双手抓绳用力向后上方拉扯，双脚用力往下蹬踩（图3-3-51），利用身体的重量使船翻转过来，恢复正常状态（图3-3-52）。

图 3-3-51　　　　　　　　　　　　图 3-3-52

3. 翻艇救援技术

由于种种原因，当艇筏侧翻时，可能会出现人员被扣在里面的情形。由于倒扣的艇筏内部空间有限，对被困人员的及时救援显得尤为重要。对被困人员的救援主要方法有以下类型：

（1）艇筏扶正救援

采用此方法时，救援者按照翻艇扶正的方式对艇筏扶正，把被困者解救出来。

（2）潜入救援

救援者选择潜入方式救援时，先解除自己身上的救生衣，一手抓住艇筏侧面的抓手或其他固定物，然后潜入艇筏下，用另一手将被困人员拉出艇外。

（3）推拉救援

在水深较浅的水域，救援者可以通过站立水底，一只手抓住艇筏侧面将其抬起，另一只手将被困者拉出。

艇筏救援技术是每一个漂流救生员应该掌握的救援技术。由于漂流场所一般开设在自然水域，水域条件较为复杂，救援时影响因素较多，漂流救生员需要系统地学习相关知识与技能，根据现场各种复杂因素进行评估，选择合适的救援方案。

第四节　徒手救援技术

徒手救援技术是指救援者在没有或无法利用救生器具情况下，徒手进行涉水

第三章 漂流救援常用技术

救援的技术和方法。徒手救援常见于非工作区域与非工作时段发生的突发事件救援，这是救援者不得已采取的救援方式。水中徒手赴救的技术比较复杂，对救援者本人来说也具有较大的危险性，因此徒手救援者需要经过严格训练，按照救援程序操作。一般情况下，不建议未受训人员采用该方法救援。徒手救援技术主要分为入水、接近、解脱、拖带、激流靠岸、上岸等步骤。

一、入水

入水是指救援者发现人员在水域遇险情况时，安全迅速进入水中的专门技术。漂流水域的入水除了在浮标救援所提及的步行式、探索式、鱼跃式、滑入式等方法外，还有跨步式与蛙腿式。

（1）跨步式入水

跨步式入水必须是救生员距离遇险者较近、水深较深的情况下方可采用。在使用该方法入水时，站在岸（船）边上，两脚前后开立，两膝关节稍稍弯曲，眼睛盯住遇险者，身体稍稍前倾。蹬离岸（船）边时，两手向前摆至身体前外方，肘关节稍弯曲，手掌心朝前下方，两脚依次向前蹬离岸（船）边（图3-4-1）。蹬离岸（船）后，身体在空中前倾，两眼盯住遇险者，两腿前后开立，前腿膝关节弯曲，大腿抬至胸腹部位，脚尖勾起，后腿膝关节稍弯曲，脚背绷直（图3-4-2）。当救援者身体没入水中至胸部时，两手用力向前、下方用力压水，同时两脚向下用力剪、夹水，使头部始终保证在水面上（图3-4-3）。

图 3-4-1　　　　　　　　图 3-4-2

图 3-4-3

（2）蛙腿式入水

蛙腿式入水必须是救生员距离遇险者较近、水深较深的情况下方可采用。在使用该方法入水时，站在岸（船）边上，两脚左右分立，两膝关节稍弯曲，眼睛盯住遇险者，身体稍前倾（图3-4-4）。蹬离岸（船）边时，两手向前摆至身体前外方，肘关节稍弯曲，手掌心朝前下方，两脚同时向前蹬离岸（船）边。蹬离岸（船）边后，身体在空中前倾，两眼盯住遇险者，两腿膝关节弯曲收起，两膝分开大于肩宽，大腿抬至胸腹部位外前方，脚尖勾起（图3-4-5）。当救援者身体没入水中至胸部时，两手用力向前、下方压水，两脚同时用力向下蹬、夹水，使头部始终保证在水面上（图3-4-6）。

图 3-4-4 　　　　　　　　　图 3-4-5

图 3-4-6

二、接近

接近是指救援者及时靠近并有效地控制遇险者的一项技术。救援者在接近遇险者的过程中,目光必须始终观察遇险者的状况与位置变化。徒手接近遇险者的方式主要有 4 种:背面接近、侧面接近、正面接近和水下接近。接近意识清醒的遇险者时,应该首先考虑背面接近的方法。在游近遇险者时,救援者应与其保持一定的安全距离进行观察,并在接近后尽可能地从遇险者背后实施控制,以确保救援者自身安全。

(1) 背面接近

背面接近适合水面清醒的遇险者救援。在能够选择的情况下,救援者应尽可能采用此方法。当救援者游至距遇险者背面 1~2 米处急停、观察,并大声安慰(图 3-4-7),选择恰当时机后迅速接近遇险者,用单(双)手托住遇险者腋下实施有效控制,帮助遇险者口鼻露出水面进行呼吸(图 3-4-8)。

图 3-4-7    图 3-4-8

(2) 侧面接近

这个方式适合水面清醒的遇险者救援。采用此方法救援时,救援者游至遇险者侧后方 3 米处大声安慰并提醒遇险者(图 3-4-9)。通过观察,救援者选择恰当时机后迅速接近遇险者,在左(右)侧接近时,看准并果断地用左(右)手抓握住遇险者左(右)手腕部(图 3-4-10),将遇险者向左(右)拉向救援者,使遇险者的背部靠近救援者的胸前,然后用单(双)手托住遇险者腋下对其进行有效控制,帮助遇险者口鼻露出水面进行呼吸(图 3-4-11)。

图 3-4-9 　　　　　　　　　　　图 3-4-10

图 3-4-11

(3) 正面接近

此方法适用于无法使用背面或侧面接近方法对遇险者实施救援时。采用此方法时，救援者游至离遇险者正面 3 米左右急停并大声安慰，提醒遇险者（图 3-4-12）。然后下潜至遇险者髋部以下（以救援者的头顶为标准），双手扶住遇险者髋部（图 3-4-13），保持头顶在遇险者髋部以下完成转体 180 度后，再上升到水面，同时用单（双）手顺遇险者身体向上滑动，在背面托其腋下进行有效控制，帮助遇险者口鼻露出水面进行呼吸（图 3-4-14）。

图 3-4-12 　　　　　　　　　　　图 3-4-13

第三章　漂流救援常用技术

图 3-4-14

(4) 水下接近

水下接近适合遇险者已经没入水中的情况下使用。采用此方法时，救援者先观察遇险者的水中位置，采用脚朝下或倒立的方法潜入水中接近遇险者。当遇险者在水下呈俯卧状态时，选择从遇险者脚的方向接近，在遇险者背后用双手托其腋下进行有效控制，利用蹬地或踩水的方式迅速将其带出水面，使其口鼻露出水面（图3-4-15）。如果遇险者在水下呈仰卧状态，则选择从其头部方向接近。在遇险者背后用双手托其腋下进行有效控制，利用蹬地或踩水的方式迅速将其带出水面，使其口鼻露出水面（图3-4-16）。

图 3-4-15 　　　　　　图 3-4-16

在实施接近的过程中，需要注意以下事项：①背面接近永远是第一选择。能选择背面接近则尽量采用此方式，这种接近方式的安全性最高。②在接近施救对象前要保证足够的安全距离，避免因被救者纠缠而一起陷入险境。③对在水面挣扎的遇险者，大声呼叫和安慰是必不可少的环节，这样可以大幅缓解被救者的紧张情绪，降低救援难度。④正面接近时，需下潜至遇险者髋部以下，并在水下安全的深度完成遇险者的身体转动，使遇险者背对自己，保障救援者自身的安全。⑤未完全控制住遇险者前，救援者做任何动作必须保证对其身体的控制，以免给自己带来安全隐患。⑥一旦接近失败，救援者应迅速脱离遇险者，重新选择救援方式。

三、解脱

解脱是指救援者在水中遇到遇险者不自主地抓抱而采用的安全有效的脱离险境并迅速控制遇险者的救援方法。解脱是每一个救援者必须掌握的一项技能，正确的解脱技术除了能够提高救援者自身安全外，更能够减少遇险者在解脱过程中所受到的伤害，保障救援目标的实现。解脱方法主要由转腕、扳手指、反（扭）关节、推击等组成。

（一）手被抓握解脱法

1. 单手（臂）被单手抓解脱法

（1）转腕法

被遇险者对侧单手抓握单手。以右手为例，当救援者右手被遇险者右手抓时，则救援者可用被抓的右手上提转腕外翻下压解脱（图3-4-17），并用右手及时抓住遇险者的右手腕部向右拉出，使其背贴近救援者前胸，另一手控制住遇险者（图3-4-18）。

图 3-4-17 　　　　　　　　　　图 3-4-18

（2）压腕法

被遇险者同侧单手抓握单手。以右手被对方左手抓握为例。救援者被抓右手上提手腕,"向上—向外"转动,手指抓住对方左手腕下压解脱(图3-4-19),解脱后抓住对方左手腕往救援者左侧拉动,另一手在身前换手抓握遇险者左手继续向左拉动(图3-4-20),使遇险者背向自己,右手托、扶遇险者右腋,最后使用单手(双手)控制遇险者或采用夹胸方式控制遇险者,保持遇险者口鼻露出水面。

图 3-4-19　　　　　　　　　　图 3-4-20

(3) 推击法

被遇险者对侧单手抓握单手(如右手抓左手)。以左手为例,如救援者的左手被遇险者的右手抓时,则救援者可用右手虎口推击其右手腕部(图3-4-21),撞击动作应迅速有力,肘关节、手腕应与推击方向成一直线。解脱后,救援者应仍紧握遇险者的右手腕部,并及时把其右手向救援者右侧拉出,使背部靠近救援者前胸,另一手控制住遇险者。救援者上臂被抓亦可沿用此方法(图3-4-22)。

图 3-4-21　　　　　　　　　　图 3-4-22

2. 双手被遇险者双手抓握解脱法

(1) 双手被遇险者双手交叉解脱法

当救援者双手交叉被抓握时，可用上面一个手臂（以右臂为例）的肘部，撞击遇险者的另一侧（左手）腕部（图3-4-23），先解脱救援者的左手，然后通过转腕法解脱右手，用右手抓住遇险者右手（图3-4-24），趁势将其向右面拉出，使背部靠近救援者胸前，救援者用另一手控制住遇险者（图3-4-25）。

图 3-4-23    图 3-4-24

图 3-4-25

(2) 双手被对方双手正面抓握解脱法

救援者双手"向内—向上"提拉（图3-4-26），然后向外转腕，手指抓握对方手腕下压，反握对方双手（图3-4-27），右（左）手往左（右）方向拉，使对方侧向自己（图3-4-28）；救援者左（右）手松开遇险者右（左）手，然后抓住对方左（右）手手腕（图3-4-29），继续向左（右）拉动，使遇险者背向自己，然后用另一手控制对方（图 3-4-30）。

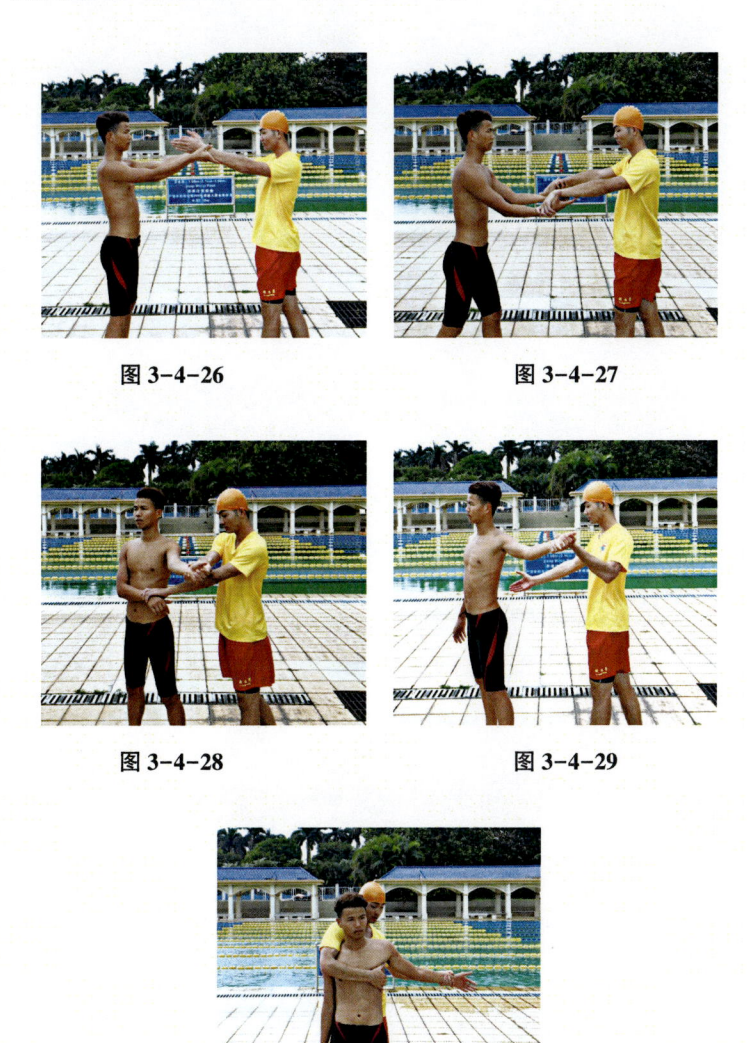

图 3-4-26

图 3-4-27

图 3-4-28

图 3-4-29

图 3-4-30

3. 单手被双手抓握解脱法

被遇险者双手抓握单手。以左手为例，救援者的左前臂被遇险者双手抓握时，救援者右手手指向下，掌根用力撞击对方的右手腕部，使之松开一手

（图 3-4-31），并紧握遇险者右手腕。然后以右手肘关节回击遇险者左手腕部，使手解脱（图 3-4-32），并趁势将遇险者右手向救援者的右侧拉出，并将遇险者转体 180 度，使其背部靠近救援者前胸，然后用左手将其控制（图 3-4-33）。

图 3-4-31

图 3-4-32

图 3-4-33

（二）颈部被抱持解脱法

1. 正面颈部被抱持

采用上推双肘解脱法。此方法用于正面被抱的情况下，当救援者被正面抱住颈部时，应及时内收下颌，身体下沉，双手上推遇险者的双肘（图 3-4-34），同时头部下抽。双手抓住将遇险者上臂侧拉使其右转（图 3-4-35）。将左手松开抓住遇险者的左手进行左拉（图 3-4-36），使其背部靠近救援者前胸，然后用右手对其进行夹胸（或托腋）控制（图 3-4-37）。

图 3-4-34 　　　　　　　　　　　　图 3-4-35

图 3-4-36 　　　　　　　　　　　　图 3-4-37

2. 背面颈部被抱持

采用压腕上推单肘解脱法。此方法在背面被遇险者抱住颈部的情况下使用。当救援者被遇险者背面抱持颈部时，应及时内收下颌（图 3-4-38），保护气管，防止被卡住。紧接着救援者前伸双手，由外向里压在抱住救援者颈部的手上（图 3-4-39），与此同时，分清是遇险者的哪只手压在自己颈部上面。压紧抱住手腕，用力向上推抱住手肘关节（图 3-4-40），头部同时也随之向侧转出（图 3-4-41）。然后用抓紧遇险者肘部的手侧拉（图 3-4-42），将其背部拉向救援者胸前，并及时用另一手进行夹胸（或托腋）控制住遇险者。

图 3-4-38 　　　　　　　　　　　　图 3-4-39

图 3-4-40 　　　　　　　　　　　　图 3-4-41

图 3-4-42

3. 前推脱离法

此方法用于正面被抱的情况下，当救援者被正面抱住颈部时，应及时内收下颌，身体下沉，双手向前、向上推遇险者的前胸（图 3-4-43），同时头部下抽，迅速脱离遇险者。在摆脱遇险者后，重新寻找正确的接近方法对遇险者进行控制。

第三章 漂流救援常用技术

图 3-4-43

(三) 腰部被抱持解脱法

1. 腰部正面被抱持解脱法

(1) 夹鼻推颌解脱法

当正面被遇险者抱住腰部时，救援者用近遇险者脸转向一侧手的食指、中指紧夹遇险者的鼻，掌心盖住遇险者的嘴，用掌根托住遇险者的下颌（图3-4-44），另一手紧抱遇险者的腰背，并用力向自己方向压；救援者用夹鼻的一手均匀用力向前方推出，迫使遇险者头部后仰（图3-4-45）。迫使遇险者松开双手，然后及时将遇险者转体180度（图3-4-46），将其背部拉向救援者胸前，并及时用另一手进行夹胸（或托腋）控制住遇险者。

图 3-4-44 　　　　　　　　图 3-4-45

· 167 ·

图 3-4-46

(2) 弓身抽手解脱法

当救援者被遇险者在正面抱住腰部及双手（双臂肘部关节以下）时，救援者先双手撑在大腿上，臀部后顶，双臂前推，含胸收腹（图 3-4-47），趁隙抽出双手，同时单手食指、中指夹鼻，掌根托下颌，另一手移至遇险者后腰（图 3-4-48）。之后采用"夹鼻推颌解脱法"解脱、控制（图 3-4-49）。

图 3-4-47　　　　　图 3-4-48

图 3-4-49

2. 腰部背面被抱持解脱法

当救援者被遇险者从背面抱住腰部时，可根据情况采用以下 3 种解脱方法。

第三章　漂流救援常用技术

（1）扳指解脱法

救援者双手在自己腰侧顺着遇险者手臂向前摸索，先分清遇险者抱持时哪一只手在外（如遇险者用手指交叉方法锁住救生员时，可双手同时做扳指解脱动作），先扳在外侧手的一手指（图3-4-50），使之松开后用力向外展开（图3-4-51）。然后再扳另一手手指，松开后用力向外拉开，使其两臂向外打开（图3-4-52）。救援者将其双手往侧上的方向，向前、向上拉动，使自己的头部在遇险者腋下穿过。以救援者从右下方脱离为例，救援者双手将其双手举过头顶，右手将遇险者右手从自己右后上方经头上方移至头前上方，同时身体向右下方下沉，从遇险者右腋下移至其背后（图3-4-53）。这时，救援者将左手放开，在遇险者背面采取夹胸（或托腋）方式，将其控制（图3-4-54）。

图 3-4-50

图 3-4-51

图 3-4-52

图 3-4-53

· 169 ·

图 3-4-54

(2) 弓身抽手扳指法

当救援者背面双臂肘部关节以下和躯干同时被抱持时,救援者则先双手撑在大腿上,臀部后顶,双臂前推,含胸收腹,趁隙抽出双手,再采用扳指法对遇险者进行解脱、控制。

(3) 曲肘扩张解脱法

当救援者双臂肘部关节以上和躯干同时被遇险者背面抱持时,救援者先做双手手掌相对,两臂肘关节同时往两侧做扩张动作,撑开溺水两臂,然后视被抱持的松紧程度,及时采用"上推双肘法"或"压腕上推单肘法"进行解脱并控制溺水者。

(四) 抓头发解脱法

在具体解脱过程中,常常遇到救援者的头发被遇险者抓牢的情形,可以采用"压腕扳指法"和"压腕推肘解脱法"进行解脱。

1. 压腕扳指法

当救援者的头发被遇险者抓住时,救援者用同侧一手压紧抓头发一手的手腕(图 3-4-55),另一手则抓住遇险者抓头发手的小指,用力向上扳开,利用反关节原理迫使其抓头发一手松开(图 3-4-56)。解脱后,抓住手指的手向外侧拉,使遇险者转体,背部靠近救援者前胸,对其进行夹胸(或托腋)控制(图 3-4-57)。

图 3-4-55

图 3-4-56　　　　　　　　　　　　图 3-4-57

2. 压掌推肘法

采用此方法解脱时，救援者一手压紧抓发手的手背（图 3-4-58），另一手则托住抓头发手的肘关节，低头同时将遇险者肘关节下拉使其弯曲，然后顺势"向外—向上"推其肘关节（图 3-4-59），使遇险者转身，手反转至背部，背部对救援者前胸，利用反关节的原理，迫使遇险者抓头发的手松开，救援者用压其手掌一手顺势将抓头发手的小指掰开解脱。解脱后，救援者抓住被救者的肘关节，一手松开托其腋下，然后对其进行夹胸（或托腋）控制（图 3-4-60）。

图 3-4-58　　　　　　　　　　　　图 3-4-59

图 3-4-60

（五）双腿被抱持解脱法

步骤为：①当救援者双腿被遇险者背面抱持，可先弯腰、提膝，然后采用与"背面腰部被抱持解脱方法"相似的动作进行解脱。②当救援者双腿被遇险者正面抱持，可采用"正面腰部被抱持解脱方法"相似的动作。然后缓慢用力迫使遇险者的头部后仰，松开双手进行解脱。

（六）双人抱持解脱法

当水下发生双人相互纠缠遇险时，救援者可以采用双人抱持解脱法进行救援。具体可分为"夹胸蹬离解脱法"和"托双腋蹬离法"。

1. 夹胸蹬离解脱法

在解脱前，救援者需认清抱持的两个人中谁是遇险较弱者。救援者在较弱者背面一手由其肩上经前胸插入至其另一侧腋下完成夹胸动作，同时一脚紧贴对侧被抱持人胸部，用柔力蹬离，以免导致遇险者骨折受伤（图3-4-61）。

图 3-4-61

2. 托双腋蹬离法

采用该方法分离两人时，解脱前救生员需认清抱持的两个人中谁是较弱者。双手插入较弱者的两腋下，提起一脚紧贴被抱持人胸部，用柔力将被抱持人蹬离解脱（图3-4-62）。

图 3-4-62

在实施解脱的过程中需要注意以下事项：

①救援过程中救生员要把自身安全放在第一位，只有有效地保护自己才能够完成救援任务。

②解脱是一种自我保护技术，救生员不能因为掌握解脱技术而忽略了自身安全，莽撞地接近遇险者。

③上述的解脱技术并不包括所有的解脱方法，必要时先尽快脱离险境，再重新尝试救助遇险者。

④当被抓抱持后，救生员应保持冷静，迅速判断周边状况，及时采取正确的应对措施进行解脱。切勿在还未搞清自己是怎样被抱持的情况下就匆忙进行解脱动作。

⑤解脱时用力要适当，方法要正确，避免给遇险者造成不必要的伤害。

⑥解脱后，应及时用合理的技术动作将遇险者控制以便拖带。

⑦在进行双人解脱时，应先确认两个人中谁是较弱者，再进行解脱。

四、拖带

拖带是指救援者徒手在水上运送遇险者的一项专门技术。无论采用何种拖带方法，都应使遇险者的口鼻保持在水面上，以保证遇险者的呼吸。在拖带过程中，被拖带者的身体应尽可能保持水平位置，以利于拖带和节省救生员的体力。在使用拖带技巧时，由于拖带人数的差别和拖带对象的不同，具体可分为夹胸拖带法、托双腋拖带法、托枕拖带法、双手托颌拖带法和穿背握臂拖带法等。

（1）夹胸拖带法

夹胸拖带法适宜于身材高大、臂长、体力较好的救援者对身材较小的遇险者拖带时使用。以左臂为例，夹胸拖带时救援者左臂由遇险者的左肩上穿过，上臂和肘部紧贴遇险者胸部，左腋夹紧遇险者左肩，左手置于遇险者的右腋下，并将此作为拖带的用力点，前臂在整个拖带过程中要注意避免压迫遇险者颈部。在拖带过程中，救援者的左髋顶住遇险者的腰背部，使其保持水平位置以便于拖带。救援者拖带过程可以根据自己的技术特长，选择采用蛙泳腿或侧泳腿技术（图3-4-63）。

图 3-4-63

（2）托双腋拖带法

托双腋拖带法的特点是救援者拖带过程比较省力，易于控制遇险者，托双腋拖带法可分为"单人拖带"和"双人拖带"两种。

1. 单人拖带

救援者在遇险者背面，用双手托住遇险者的腋下，用反蛙泳腿技术方式进行拖带（图 3-4-64）。

图 3-4-64

2. 双人拖带

救援者在遇险者两侧，用同侧手托住遇险者的腋下，用反蛙泳腿或侧泳腿技术和单手游蛙泳方式进行拖带（图 3-4-65）。

图 3-4-65

(3) 托枕拖带法

救援者用手（单手或双手）托住遇险者的后脑（枕部），采用侧泳或反蛙泳游进（图 3-4-66）。

图 3-4-66

(4) 双手托颌拖带法

救援者双手托住遇险者的颌骨处，使遇险者的口鼻始终保持在水面上，用反蛙泳技术游进（图 3-4-67）。

图 3-4-67

（5）穿背握臂拖带法

此方法适合对儿童或身材较小的遇险者实施拖带，此方法方便观察游进时的方向。以右手为例，救援者在遇险者的右侧后方，用右臂由前向后穿越遇险者的右腋下，经背部抓握其左手上臂，用单手侧泳或单手蛙泳将遇险者拖带游进（图3-4-68）。

图 3-4-68

无论采取哪种拖带方式，在拖带过程中救援者均需要对清醒的遇险者进行安慰，提示其放松。拖带时两者的身体尽量保持水平位置，以减少拖带时水的阻力，以便迅速完成拖带任务。

五、激流靠岸

激流靠岸是指在有水流环境时如何游向岸边的技术。漂流场所的水域均有流动的水流，越靠近河道中央水道深处水流就会越急。在急流中游泳要考虑水流影响，提前做出游进方向的调整。需要注意的是，任何时候均应避免逆水游进。应依据救援者所在位置与目标地点位置及水流速度，选择与急流方向成90度或保持一定的夹角方向游动。当救援者游至水流速度减缓区域时，根据体力情况与上岸地点位置做不同角度的斜向游动，等游出急流后再向目的地游进（图3-4-69）。

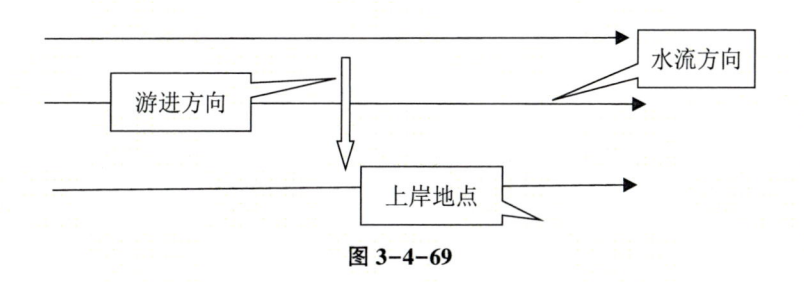

图 3-4-69

六、上岸

上岸是指救援者对遇险者施救，使其迅速、安全离开水域的一项专门技术。上岸时，救援者要根据现场环境情况以及遇险者身体状况，选择合适的上岸方式，避免遇险者伤情加重耽误救援。无论采用哪种上岸方式，其目的是尽快地将遇险者安全迅速地送到岸上，尽快进行身体检查，实施后续处置。上岸的方式根据救援对象的身体状况和救援人数可分为以下类型。

（1）搀扶上岸

此上岸方式是针对疲惫的遇险者，在平缓坡度的水域中，由单人或双人搀扶上岸（图 3-4-70）。

图 3-4-70

（2）双人托抬上岸

此上岸方式是针对受伤或疲惫无法行走的遇险者，在平缓坡度的水域中，由救援者双人托抬上岸。托抬上岸时，两名救援者"井"字形双手握紧，遇险者双手分别搂住救援者脖子，坐在救援者握紧的双手上，由救援者将其托抬上岸（图 3-4-71）。

图 3-4-71

（3）马镫式上岸（船）

此上岸方式用于水深较浅、遇险者能够自己行动、水面与岸有较大落差情况下。上岸时，由救援者站在遇险者后方，双手交叉紧握，遇险者用脚蹬踏救援者的双手攀爬上岸（图 3-4-72）。

图 3-4-72

（4）水中固定上岸

水中固定上岸方式是针对昏迷、受伤或需要固定遇险者才能搬运的情况下使用的一种上岸技术，一般使用各种类型的固定板或担架对伤者进行水中固定，然后运送到岸上的一种运送方式。

（5）单人拖拉上岸

此上岸方式是针对昏迷或疲惫无法行走的遇险者，在平缓坡度的水域中，救援者面对遇险者背部，在水中两臂穿过其双腋，在胸前抓住遇险者双手，将其上身架出水面。然后，用后退的方式将遇险者拖带上岸（图 3-4-73）。

图 3-4-73

(6) 肩背运送上岸

肩背运送法是一项比较实用的技术。救援者首先要确定遇险者无脊柱受伤，方可采用此方法。此方法常用于无法使用器材进行救援的复杂地形。在运送昏迷的遇险者时，肩背运送能够起到运送、倒水、挤压心胸区等作用，有利于遇险者的心肺复苏。在水域中使用肩背法运送遇险者上岸，一般按照以下步骤进行：

①救生员将遇险者拉至齐腰深的水中位置时，用右手抓住遇险者的左手（图3-4-74），转身采用半蹲姿势背靠近遇险者，左手从遇险者两腿之间穿过（图3-4-75）。

图 3-4-74 　　　　　　　　图 3-4-75

②救援者将遇险者重心调整至救援者两肩之间，左手绕过遇险者的右腿抓住遇险者左手（图3-4-76）。救援者的右手松开，手掌按压在自己的右膝关节上（图3-4-77）。

第三章 漂流救援常用技术

图 3-4-76 　　　　　　　　　图 3-4-77

③救生员水中站立，将遇险者扛起（图 3-4-78）。救援者在运送遇险者前往目的地过程中，需要用右手托扶着遇险者的头部进行保护（图 3-4-79）。

图 3-4-78 　　　　　　　　　图 3-4-79

④中途换人。在运送过程中，如果因路途较远需要中途换人时，救援者发出换人口令，然后站直身体（图 3-4-80）。替换者首先背对遇险者，身体直立，一手抓住遇险者的手，经肩上拉在自己的胸前（图 3-4-81），另一手穿过遇险者的腿，抓住遇险者在其胸前的手（图 3-4-82）。当替换者完成固定遇险者身体动作后，向救援者发出松手口令，替换者调整好重心后继续运送遇险者。

图 3-4-80 　　　　　　　　　图 3-4-81

· 181 ·

图 3-4-82

⑤放下。当救援者将遇险者运送至目的地后,将托扶遇险者头部的手松开,撑在同侧腿的膝关节上(图 3-4-83),在手部力量的帮助下,救生员上身左倾慢慢下蹲,使遇险者臀部坐在自己的左腿上。

图 3-4-83

⑥救生员松开撑在膝关节的右手,抓住遇险者左手(图 3-4-84),左手松开遇险者的左手,然后将手从遇险者两腿间抽出(图 3-4-85),经遇险者右侧腋下穿过,抱扶其背部(图 3-4-86)。然后救援者右手将遇险者左手从自己脖子上取下后(图 3-4-87),松开遇险者左手,用右手从遇险者左腋下穿过,在其背后与左手交叉握紧(图 3-4-88)。

图 3-4-84 　　　　　　　　　图 3-4-85

第三章　漂流救援常用技术

图 3-4-86

图 3-4-87

图 3-4-88

⑦救生员右脚向左跨一步（图 3-4-89），双手交叉握紧将遇险者提起，慢慢将其臀部放在地下（图 3-4-90）。当遇险者臀部接触地面后，救生员松开右手，扶着遇险者后脑（图 3-4-91），左手扶其后背呈仰卧姿势慢慢放下；在遇险者腰背接触地面时，抽出左手与右手一起扶头慢慢放下，直到遇险者头部接触地面。在遇险者的头部接触地面后（图 3-4-92），救生员双手从遇险者头部慢慢抽出。

图 3-4-89

图 3-4-90

· 183 ·

图 3-4-91　　　　　　　　　　　　图 3-4-92

总之，漂流场所环境复杂，导致意外发生的原因也有多种，其对应的漂流救援技术的种类多种多样。在不同的环境和情景下，救援者所使用的救援工具与救援技术会因人因事有所差异。针对同一类型的突发事件，救援者需要依据自身与现场的具体情况采用不同的救援方法组合实施救援。在救援方法的运用上，救援人员均以安全、高效为原则，以遇险者能够及时脱离险境为最终目标。

第四章　漂流运动损伤与处理

CHAPTER 04

第四章
漂流运动损伤与处理

与许多运动项目一样，漂流活动在参与的过程中同样会造成运动伤害。由于漂流运动场所大多地处较为偏远的郊区和乡间，因此，这给漂流运动的损伤进行现场处理带来了一定的难度。除此之外，由于此项运动在参与过程中不断处于运动状态，甚至是高速运动状态，因此，一旦漂流人员发生运动损伤，造成的身体伤害后果会较为严重。救生人员需要具备基础的现场损伤处理技能，以便将造成的运动损伤减小到最低程度。

第一节　漂流运动损伤概述

一、运动损伤的基本概念

在从事运动的过程中，难免会有各种意外发生，会产生各种情形的运动损伤。运动损伤是指运动对象在运动过程中，在外界因素影响下，造成人体组织或器官的功能损失和破坏，引起程度不一的局部或全身反应。对于运动损伤的定义各有不同，赵斌在《运动损伤与预防》中认为"运动损伤是在体育运动过程中所发生的由于外界各种因素作用于人体，使其产生组织或器官在解剖上或功能上的破坏，并引起不同程度的局部或全身反应。"[1] 对运动损伤定义较为详细的是石作砺、于葆的《运动医学大辞典、运动解剖学》，作者认为运动损伤是"指在

---
[1]赵斌. 运动损伤与预防 [M]. 桂林：广西师范大学出版社，2005：1.

体育运动过程中发生的各种损伤。其发生与运动训练、运动技术、运动项目、运动环境和装备等有密切关系，主要发生在人体运动系统，但也包括血管和神经系统的损伤，在祖国医学中属于骨伤科的范畴，是运动医学的重要内容之一。分为急性和慢性损伤（包括劳损和陈旧性损伤）两大类型。"[1] 不论是何种定义，都说明运动损伤的基本构成要素，即运动、器官和功能。由此不难看出，运动损伤是指在人们在参与体育运动过程中所发生的损伤。运动损伤包括急性损伤和慢性损伤，损伤所涉及的组织及部位甚广，包括肌肉、肌腱、韧带、关节囊、皮肤、骨、软骨及神经系统等，严重的甚至可能伤及内脏器官。

  运动损伤有不同的划分标准，有的按照损伤部位进行划分，有的则按照运动内容进行划分。在伦斯特伦主编的《运动损伤预防与治疗的临床实践》中就将按照这两种不同的标准进行分类。从创伤部分划分，运动创伤可分为头部创伤、颈椎创伤、肩部创伤、肘部创伤、脊柱创伤、腹股沟创伤、肌肉创伤等10余种；从运动类型进行划分，则可以划分为足球运动创伤、棒球运动创伤、篮球运动创伤、手球运动创伤、排球运动创伤、跑步运动创伤、网球运动创伤等40余种[2]。不同的运动可能造成的运动损伤各有不同。专项运动训练由于训练内容的差异导致身体不同部位的损伤，其损伤部位与运动项目有着密切的关联，从而形成特殊的运动技术病，如网球运动的网球肘、游泳运动的游泳肩、跳跃运动的跳跃膝、足球运动的足球踝等。除了专业运动项目的损伤外，在运动过程中也可能出现其他部位的损伤，如头部、颈椎、脊柱等，可以说运动损伤与运动活动本身是相伴相生的。

  造成运动损伤的原因很多，无论是热身活动不充分还是运动技能不佳都有可能增加运动损伤的风险。一般的运动项目造成损伤的因素主要有以下类型：运动者的训练水平不高，身体素质较差，动作技术不正确，缺乏自我保护能力，在运动前不做准备活动或准备不充分，运动状态不佳，教学、竞赛和各类活动的工作组织不够科学等。在各种类型的运动损伤中，急性运动损伤多于慢性损伤。虽然急性损伤受伤速度较快，但一般而言，恢复时间也较短。急性运动损伤如果处理不及时、治疗不当或过早恢复正常训练、活动等也可能转化为慢性运动损伤。

---

[1]石作砺，于葆.运动医学大辞典"运动解剖学"词条［M］.北京：人民体育出版社，1999：385.
[2]［瑞典］P.A.F.H 伦斯特伦.运动损伤预防与治疗的临床实践［M］.北京：人民体育出版社，2006.

二、漂流运动损伤的基本概念

漂流运动损伤是指人们在参与漂流活动过程中，因漂流场地、器材和天气等客观因素和个人的主观因素等原因而造成的人体组织或器官的损伤。漂流损伤属于运动损伤之一，造成运动损伤的种种因素也可能广泛存在于漂流运动损伤中。与此同时，漂流运动损伤由于有一定的运动速度及与水相亲泽的特点，因而其运动损伤也具有特殊性。

从场地上而言，漂流活动场所常常是远离拥挤城市的郊外。在亲近和融入大自然，欣赏大自然美景的同时，体验到漂流运动的刺激，团队合作共同完成任务的喜悦，从而达到释放工作压力，缓解精神紧张的作用，因而越来越受到人们的追捧。各地相继利用各种自然条件设置了类型不同的漂流场所，这些漂流场所各具特色：有的利用改造的自然条件依山傍水，这种场地总体落差较大，水流湍急；也有的利用河道，设置的水面较为宽阔，水流速度较为和缓；还有的引水上山，建立人工漂流场地。这些漂流场地的开设，满足了游客参与漂流活动的需要，同时也为当地的经济发展和旅游业的兴起起到了一定的拉动作用。

随着参与漂流活动游客数量的增加，漂流事故也随之相应地增加。其中急性损伤是漂流活动中常见的安全事故，场地设置、器材使用、路线长短、场地等级、水域环境、自然天气等因素都可能造成漂流活动中的种种意外。除了客观原因外，游客因素也是造成漂流事故不可忽视的因素，漂流经验、性别年龄、体力状态，以及装备穿戴状况都可能导致漂流损伤产生。由于种种客观和主观原因，因此漂流活动伤害常常出现。如何正确预防及处理漂流活动伤害是我们每一位漂流从业人员都应认真面对的问题。

三、处理漂流运动损伤的目的和意义

正是因为在漂流活动中可能出现各种运动损伤，因此在开展漂流活动时需要了解各种危害的预防手段和处理方式。这些措施包括及时排查场地器械隐患，及时判断伤员的损伤等级，按照损伤等级及时进行初步处理，防止身体伤害进一步扩大和加深。在处理漂流活动的过程中，无论是对潜在风险的及时排查，还是对身体损伤的及时处理，其根本目的都是为了将参与者在漂流活动中遇到的伤害尽可能地降到最低。

及时有效地处理漂流损伤，无论是对于参与者个人还是对于社会而言都意义重大。如果漂流损伤出现时没有得到妥善的处理，它可能直接影响到游客对漂流活动的快乐体验，甚至会影响其学习、工作和生活的质量，以及造成不良的心理影响，严重者还可能造成残疾甚至死亡。除了对于漂流者个人具有显著意义外，漂流事故的及时处理对于树立企业形象，维护企业信誉也至关重要，良好的善后处理体现出经营者有效的组织管理能力和优秀的专业素养。良好的应急处理能力对于个人和企业意义重大，对于提高当地旅游业的美誉度、维护社会祥和稳定也具有积极意义。

第二节 漂流运动损伤的评估

一、漂流运动损伤的辨别方法

在漂流活动开展的过程中，由于户外场地的复杂性、参与漂流活动游客的身体状况及运动技巧的熟练程度不同，漂流损伤会时常出现。当游客出现漂流损伤时，我们首先需要对损伤进行辨别和定性，目的是为了让漂流救生员在现场采用恰当的处理方式应对所出现的漂流损伤，以减轻伤者的痛苦，降低因处理不当留下后遗症的风险，最大限度地降低致残率及死亡率，因此学习漂流损伤的辨别对漂流救生员现场处理漂流损伤具有重要的意义。

漂流损伤的检查方式遵循运动损伤的检查方式和标准，即采取一般检查和特殊检查相结合的手段。

（一）一般检查

一般检查即采取"望问触叩听"的方式来辨别伤害的部位和受损伤程度。

1. 望

望，即观察的意思。首先观察伤者的全身状况，根据伤者的精神、神志、脸色、身体姿势、呼吸平顺还是急促、是否大汗淋漓等状况做出综合判断。然后对受伤部位进行局部观察，例如，伤处的皮肤颜色，受伤部位的形态是否改变，肿胀的程度以及伤口形状、大小、深浅、出血情况、分泌物情况、有无异物残留、伤口周围组织损伤的程度等，由此综合判断伤者的受伤程度。

2. 问

问，即询问的意思。当伤者处于清醒状态时，询问其受伤的经过，如损伤发生时的具体情况、受伤的时间和地点、身体哪个部位受到碰撞、跌倒时身体哪个部位先着地或碰撞石头及其他硬物等，以确定损伤的部位和损伤的性质。再者，询问伤者的自我感觉，如哪个部位疼痛、受伤时是否听到响声、受伤后活动情况、伤后肢体感觉情况等。若伤者处于昏迷状态，则应向其他目击者了解情况，如向同伴或其他现场人员简明扼要地询问，以了解伤者的受伤经过、受伤部位，以及受伤的严重程度。

3. 触

触，即触摸的意思。用手指按压受伤部位，寻找压痛点，在触及压痛性肿块时了解肿块的大小、软硬及肿块与皮肤、肌腱、骨骼的关系。对于肿胀部位，检查皮肤的温度及有无可凹性水肿及波动感，注意肌张力的检查，并与健侧作对比，看肌腱延续性有否中断、关节摩擦及骨折断端异常活动等，以此判断伤患损伤，特别是皮下损伤的程度。

4. 叩

叩，即叩击的意思。用手轻叩受伤部位来寻找疼痛点，目的是判断有没有骨折发生，有效地和软组织损伤进行区分。

5. 听

听，即用耳朵听的意思。在某些情况下当关节发生损伤时，其主动或被动活动可听到一些声音，例如，髌骨软化病时可发出碾米样的响声。当骨折发生时，用手指轻压伤处，一压一放时，即可听到骨折断端发出摩擦声，以此来判断有没有存在骨折的损伤。

（二）特殊检查

特殊检查是根据伤者受伤部位的有关特征进行检查和判断，目的是判断伤者损伤的严重程度。在现场处理漂流损伤时，救生员可根据伤者的受伤情况，对关节、血管及神经系统作简单的检查和判断，为采用正确的处理方法应对游客的损伤提供重要的参考依据。

1. 关节检查

由于关节损伤时一般会伴随着关节活动功能的障碍和关节畸形，因此可根据关节的肿胀、畸形程度和关节活动的障碍大小来判断关节损伤的严重程度。

2. 血管损伤的检查

骨折、关节脱臼等损伤严重时可引起血管损伤或受压迫，从而导致血液循环障碍，我们可采用以下方法来判断。

（1）触摸血管搏动，例如，上肢可触摸桡动脉、下肢可触摸胫前或胫后动脉的搏动情况来判断血液循环情况。

（2）观察末梢皮肤颜色和手指、脚趾甲床的颜色、按压后甲床血运恢复速度和皮肤的温度来判断。

（3）观察肢体的肿胀程度做出判断。

3. 神经系统检查

通过皮肤感觉、肌力和反射等现象来判断是否有神经系统的损伤存在。

二、漂流运动损伤的分类

对漂流运动损伤的分类，除了按照身体部位的分类标准外，还有下列分类形式，如从损伤的开放性、损伤的严重程度、损伤的病理过程等。

(一) 按照皮肤黏膜的完整性分类

1. 开放性损伤

开放性损伤是指伤处皮肤或者黏膜的完整性受到破坏，伤口与外界相通，例如，擦伤、刺伤、裂伤及开放性骨折等属此类损伤，一般会伴随出血现象发生。

2. 闭合性损伤

闭合性损伤是指伤处的皮肤或者黏膜保持完整，没有伤口与外界相通，例如，挫伤、拉伤、扭伤、脱臼及闭合性骨折等，没有出血现象，但伤处会出现肿胀充血及皮下瘀血现象。

(二) 按照受伤后运动能力的丧失程度分类

1. 轻度损伤

轻度损伤是指伤后经简单处理还能继续按原活动计划进行相应活动的损伤。

2. 中度损伤

中度损伤是指受伤后需要停止受伤部位或减少受伤部位的活动，不能按照原计划进行相应活动的损伤。

3. 重度损伤

重度损伤是指受伤后需要休息，完全不能进行运动训练的损伤。

(三) 按照受伤的病理过程分类

1. 急性损伤

急性损伤是指瞬间受到外力的作用而导致的损伤，具有受伤突然、病程短的特点。

2. 慢性损伤

慢性损伤是指身体局部负荷过量、多次细微损伤累积而形成的损伤，又称作劳损。或者因为急性损伤处理失当而形成的陈旧性损伤，具有发病缓慢、病程长、症状逐渐显现的特点。

三、运动损伤的评估标准

目前，国际上普遍采用评分系统来评估伤者的受伤严重程度，在对漂流活动游客的运动损伤进行评估时，可以参照医疗机构使用的创伤指数的标准进行界定。

创伤指数（TI）是 1971 年由 Kirkpatrick 等提出的，TI 创伤指数是根据伤者受伤的部位、受伤的类别、脉搏、血压、意识和呼吸 6 项指标的具体情况做出判断，受伤部位、类型以及生理变化分别对应有不同的指数，用各项指标的指数相加，对伤者损伤状况的严重程度做出初步的评估，其相加积分（5~30 分）即为 TI 值，得分值越高则伤势越严重。按照伤情轻重等级分类，根据 TI 值的大小范围划分为轻伤、中度伤和重伤三类，其中 TI<9 分为轻伤，TI=10~16 分为中度伤，TI>17 分为重伤，在现场急救处理时可以将 TI>10 分的伤员送往医院作进一步治疗。

表 4-2-1　创伤指数（TI）

指数	1	3	5	6
部位	四肢	躯干背部	胸腹部	头、颈部
伤类	撕裂伤	刺伤	钝挫伤	火器伤
脉搏	正常	P>100 次/分	P>140 次/分	触摸不到
血压	外出血	60~100	<75	<40
意识	倦怠	嗜睡	半昏迷	深昏迷
呼吸	胸痛	呼吸困难	窘迫	停止

例如，当游客发生溺水事故时，经救生员现场对溺水游客的检查评估，游客的状况是无呼吸、无脉搏、无意识，则对应上表：呼吸停止为 6 分；无意识属深昏迷为 6 分；无脉搏是脉搏触摸不到为 6 分的标准，三者相加，则创伤指数 TI

评分为 18 分，根据 TI>17 分属于重伤的标准，现场评估伤者的受伤程度为严重，在现场紧急处理的同时，必须及时报告漂流场所的救护中心和呼叫 120，寻求专业医护人员的救助以作进一步的治疗。

第三节　漂流运动损伤的基础处理

进行漂流活动的过程中，各种意外会导致各种运动损伤，学习并了解现场处理的原则及方法，熟练掌握现场急救所需要的包扎、固定和运送方法，能够帮助救援者应对漂流活动出现的紧急情况，减轻漂流活动中受伤人员的痛楚，减少因处理不当而导致的伤残率，提高严重受伤人员的生存概率。

对于漂流活动现场所出现的游客损伤，必须坚持"先救助后转移"的基本原则。因此，漂流救生员掌握漂流现场急救的原则和方法，才能更好地满足救生岗位的需要，更好地为漂流救生工作服务。

一、漂流运动损伤处理的基本原则

（一）坚持"先救助后转移"的原则

这要求漂流救生员一经发现游客受伤，立即展开有效的处理，然后再进行安全转移。

（二）伤者应尽快离开危险区域

漂流活动场所一般都设在户外，要求漂流救生员遇到游客受伤时，先对处理环境进行评估，确认其安全程度，如果认为场地环境有危险因素存在，则需要尽快帮助伤者离开危险区域。

（三）及时处理

发现漂流损伤时，应立即现场采取有效的应对措施，做到早期呼救、早期心肺复苏并早期实施止血、包扎、固定和运送。

（四）方法恰当

在现场处理时，对漂流游客的损伤处理方法要恰当，尽量减轻伤者的痛苦并舒缓情绪。在救助伤者的同时，也要注意对自己的安全进行防护，以免自身受伤。

（五）在现场处理时不应继续加重伤者所受到的伤害

在现场处理的过程中，应该妥善处理伤者的损伤，不应该增加伤者的痛苦乃至让伤者的病情加重，甚至造成二次伤害。

（六）现场处理的措施应简单易行且效果必须确实可靠

在漂流运动场所现场配置的急救器材是简单实用的器材，这就要求我们在现场处理时所采取的措施应该是简单的和容易操作的，保证所进行的处理在专业救护人员到达前确实可靠地控制住伤者的病情。

（七）注意保护现场以应对后续的调查需要

保护好现场对后续的一系列工作有着非常重要的意义，将直接关系到事故发生后漂流运动场所的责任大小、保险理赔以及相关善后工作的实施和作为日后清楚安全隐患的参考依据。

二、漂流运动损伤处理的基本流程

救生员遇到参与漂流活动的游客发生损伤的情况时，应该首先判断伤者的情况，做出初步评估，弄清伤情的轻重缓急，并选择合理的方法来处理出现的伤情。尽量减轻伤者的痛楚及缓解伤者的紧张情绪，当医务人员到位后，要准确报告伤者伤势的基本情况，以便医务人员进一步跟踪处理。处理流程如下：

①如果伤者有意识，询问其受伤情况及部位，有外出血现象要初步清理伤口并及时止血；有骨折现象要进行必要的包扎及固定，并等候专业医生处理及送医院进一步治疗。

②如果伤者无意识，首先要向120急救电话求助，在等待专业医生过来的同时，现场要通过"望问触叩听"的方法来初步判断伤者受伤程度，如有无呼吸

脉搏、骨折、出血、伤口等。无呼吸、颈部大动脉未触及搏动的要赶快对伤者实施心肺复苏操作；有骨折和出血要尽早包扎固定及止血；对伤势较重或身体多处损伤者，经现场初步处理后应尽快运送到医院进一步观察和治疗。

③对怀疑有脊柱损伤发生的伤者，要特别注意保护脊柱，避免脊柱受伤或进一步加重脊柱的受伤，从而造成截瘫或死亡。有大出血情况的伤者，要采取合理的方法进行止血，并尽快送医院进一步观察治疗。

三、漂流运动损伤处理的基本手段

根据漂流救生员对漂流游客损伤处理的需要，损伤处理的基本手段分为包扎、固定和运送三个方面。

（一）包扎

包扎一般应用在伤者伤口出现出血、关节扭伤及脱臼等情况下，当伤者遇到这些损伤的时候，及时、正确地对伤处进行包扎处理，能够有效地保护伤口，防止污染及止血。包扎时还能和固定物一起使用，对伤处进行固定，减轻伤者的痛楚，有效地减少再次受损伤的机率。包扎时应注意松紧度合适，既要避免因包扎太紧而妨碍血液循环及神经受压，又要避免包扎太松而失去止血和固定的作用。当包扎部位在四肢时，还要注意让手指指端、脚趾趾端外露，以方便随时观察甲床颜色及检查指端有否麻木。避免包扎不当导致受伤的肢体供血不足、组织坏死的情况出现。一般使用的包扎材料是绷带和三角巾，紧急情况可以使用干净的毛巾、布条等。

（1）环形包扎法

环形包扎法适合应用在躯干或肢体上下径粗细均匀的部位。开始时先把绷带头斜放，用手压住，将绷带绕肢体包扎1圈后，再将带头的一个小角折起来用绷带压住（图4-3-1），然后继续绕圈包扎，包扎时后一圈压住前一圈，一般包扎3~4圈即可（图4-3-2），最后一圈时，用医用胶布或打结来固定。

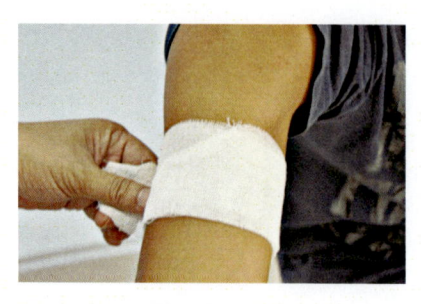

图 4-3-1 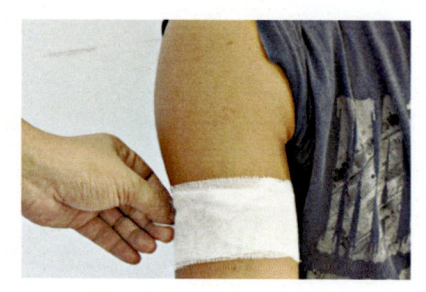　　　　　　　　　　　图 4-3-2

注意要点：绷带头斜放，第一圈压住一个小角，以起到固定的作用；最后一圈用医用胶布或绷带打结固定。

(2) 螺旋形包扎法

螺旋形包扎法应用于肢体粗细相差不大或躯干部位，原则上从远端到近端的方向包扎，开始时先把绷带头斜放，用手压住，将绷带绕肢体包扎 1 圈后，再将带头的一个小角折起来用绷带压住，然后将绷带向上或向下斜形缠绕，后一圈压住前一圈的 1/2 到 1/3（图 4-3-3），反复包扎，最后一圈用医用胶布或打结固定，包扎圈数的多少根据包扎部位的长短和面积决定。

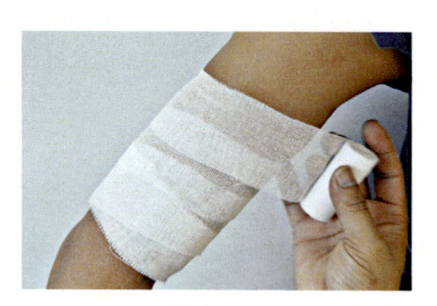

图 4-3-3

注意要点：原则上从远端到近端的方向包扎；开始时的绷带头的放置及包扎 1 圈后的操作方法和环形包扎法一致；斜形缠绕时后一圈压前一圈的 1/2 到 1/3。

(3) 转折形包扎法（反折螺旋包扎法）

转折形包扎法又称反折螺旋包扎法，这种包扎方法主要应用于肢体粗细相差较大的部位，如小腿部位和前臂部位。包扎的方向也是从远端到近端。包扎开始时先把绷带头斜放，用手压住，将绷带绕肢体包扎 1 圈后，再将带头的一个小角折起来用绷带压住，再绕 2、3 圈后用一个拇指压住绷带，将其上缘反折，反折处注意避开伤口，后一圈压住前一圈的 1/2 到 1/3，每一圈的转折线应该互相平行（图 4-3-4）。最后一圈用医用胶布或者打结固定好。

注意要点：开始部分及结束部分的包扎方法与环形包扎法一致；反折处要注意避开伤口；每一圈的转折线应该互相平行。

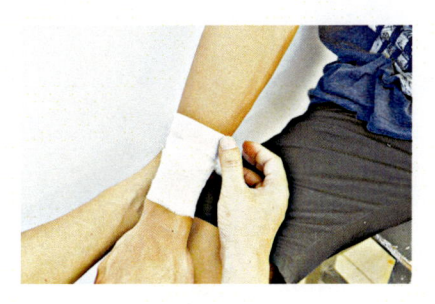

图 4-3-4

(4)"8 字形"包扎法

"8 字形"包扎法常应用于关节部位的包扎，开始时先把绷带头斜放，用手压住，将绷带绕肢体包扎 1 圈后，再将带头的一个小角折起来用绷带压住，然后将绷带斜形缠绕（图 4-3-5），一圈绕关节上方，一圈绕关节下方，反复进行（图 4-3-6），最后一圈用医用胶布或绷带打结固定，因包扎方法像写阿拉伯数字"8"，因此得名。

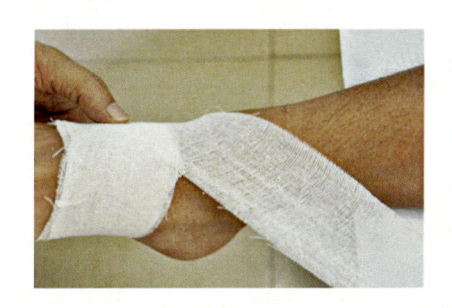

图 4-3-5    图 4-3-6

注意要点：开始部分及结束部分的包扎方法与环形包扎法一致；主要应用在关节部位；缠绕方法是关节上一圈，关节下一圈重复进行。

（5）三角巾包扎法

三角巾是指用一米见方的布料对角剪开，外形为正三角形而得名（图4-3-7）。在日常使用上，根据三角巾规格的大小，又分大三角巾（96cm×96cm×136cm）和小三角巾（46cm×46cm×68cm）这两种规格。常用的三角巾包扎法有大悬臂带法、小悬臂带法、头巾包扎法等。

图 4-3-7

①大悬臂带包扎法

用于上肢损伤（锁骨和肱骨骨折除外）时，对损伤的上肢进行固定，方法是将大三角巾顶角放在伤肢的肘关节后，一个底角置于健侧肩上，肘关节屈度略小于90度放在三角巾中央，另一个底角上折，包住前臂，调节好长度后，在颈后将两个底角互相打结。最后把肘后的顶角折在前面用别针固定好（图4-3-8）。

图 4-3-8

注意要点：适用于上肢受伤的固定，但锁骨骨折和肱骨骨折不适用；调整好长度后两底角在颈后互相打结；顶角折在前面用别针固定好。

②小悬臂带包扎法

大悬臂带不适用于锁骨、肱骨的骨折，在遇到这两个部位骨折情况发生时，小悬臂带包扎法可以弥补大悬臂带包扎法的不足，另外，小悬臂带还可以用在上臂及肩关节受伤后需要包扎固定的情况下，将大三角巾叠成四横指宽的宽带，带子的中央放在伤侧前臂的下 1/3 处，调节好长度后，两端在颈后打结（图 4-3-9）。

图 4-3-9

注意要点：仅适用于锁骨、肱骨骨折及肩关节和上臂受伤的情况；大三角巾折成四横指宽的宽度；固定在受伤侧的前臂下 1/3 处。

③头巾包扎法

头巾包扎法用于头部受伤的情况下，方法是将三角巾底边反折两指宽的折边，然后把底边的中点放在额头部位，高度与眉毛上方平高（图 4-3-10），顶角经头顶拉向枕后，再将底边经过左右两耳的上方向后拉紧，在枕部交叉并压住向后拉的三角巾顶角（图 4-3-11），再交叉绕过左右两耳上回到前额部拉紧打结（图 4-3-12）。最后将顶角向上反披在底边内固定或者用别针、医用胶布固定完成（图 4-3-13）。

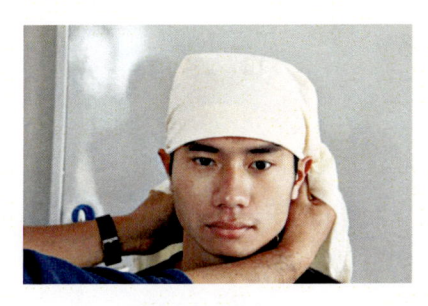

图 4-3-10

图 4-3-11

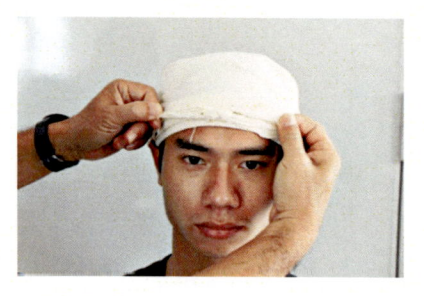

图 4-3-12　　　　　　　　　　　图 4-3-13

注意要点：此包扎法用在头部受伤的情况下；底边折出两指宽的折边；露出左右两耳；边要压实。

（二）固定

固定一般应用在伤者骨折、关节脱位（脱臼）或者严重扭伤、四肢肌肉或韧带严重拉伤的情况下，使用正确的固定方法让伤者的伤肢得到固定，以达到减少伤者的痛楚并防止二次受伤的目的。固定一般应用于出现骨折情况或者关节扭伤、脱臼的时候，方法是用夹板、绷带等把受伤或者折断的部位固定并包扎起来。如果没有夹板和绷带，也可以就近取材，用木板、树枝、竹竿、毛巾、衣服等材料来固定，确实没有任何物品时亦可固定于伤者的躯干或健肢上。

固定原则为跨受伤部位上、下关节一起固定。固定的目的是限制骨折断端或者受伤关节的活动，骨折发生时能避免断端对损伤周围的血管、神经系统和其他组织造成新的伤害，减轻伤者的疼痛，同时方便转移和运送伤者到安全的地方。

固定与包扎是相辅相成的，固定也和包扎一样需要注意松紧度合适，既要避免因固定太紧而妨碍血液循环或导致神经受压，又要避免因固定太松而失去固定应有的作用，当四肢需要做固定包扎时，也要注意让手指指端、脚趾趾端外露，以方便随时观察指甲颜色及检查指端有否麻木。避免和包扎不当一样，导致受伤的肢体供血不足从而组织坏死的情况出现。

（三）运送

运送是漂流救生员将伤者送至安全地方、漂流场所设置的医疗救护中心或者医护人员手中的一种手段。根据伤者受伤部位、受伤轻重，选用合适的运送方法，避免因搬运不恰当，增加伤者的痛苦，甚至造成终身残疾乃至危及生命。

运送可采用肩背运送（脊椎伤者除外）、担架、脊椎板或者木板等方法和工具来实施。

注意要点：运送过程中，动作要轻巧、协调一致；运送过程中要避免震动，不应增加伤者的痛苦；脊椎受伤的伤者必须两人以上运送，以防造成脊椎二次损伤。

第四节　漂流运动损伤处理的具体措施

由于漂流场所的复杂性、漂流游客的身体状况以及漂流技术的不同，游客发生轻微损伤的现象时有发生，如果救生员处理不当还可能造成游客的严重伤害。因此每位漂流救生员都有必要掌握损伤处理的具体措施，根据伤者伤势的轻重缓急，使用正确的方法处理漂流游客的损伤。

一、擦伤

在漂流活动过程中，擦伤是指身体表面皮肤与漂流航道四周的石头、树木、漂流艇具的摩擦引起的皮肤表层损害，表现症状为表皮剥脱，有少许出血和组织液渗出。按受伤部位皮肤面积大小可分为小面积擦伤和大面积擦伤；按部位划分，可分为面部擦伤和其他部位擦伤。针对不同部位及受伤面积大小，处理方法稍有区别，但都必须注意减轻伤者的痛苦，避免伤口的进一步感染。

（一）小面积擦伤的处理方法

1. 生理盐水清洗创面
2. 双氧水擦拭
3. 生理盐水清洗
4. 创面擦拭消毒液

常用消毒液有 0.05% 安尔碘（因含酒精，对创面刺激大，禁用于黏膜部位）、0.1%~0.5% 碘伏（聚维酮碘）、0.1% 新洁尔灭、0.05% 洗必泰、0.1% 雷佛奴尔等。

(二) 面部擦伤的处理方法

可以使用无刺激或小刺激的消毒液，如0.1%的新洁尔灭溶液、0.1%雷佛奴尔，慎用碘伏等易染色消毒液，禁用酒精、碘酊等强刺激性消毒液。

(三) 大面积擦伤的处理方法

需要用创面擦拭消毒液对伤口周围进行处理（尽量避免使用刺激性大的消毒液），再用小面积擦伤处理方法对创面进行处理并清除伤口中的异物，外敷生理盐水或1%雷佛奴尔纱布或聚维酮碘纱布，最后用绷带包扎固定。

二、裂伤、刺伤、切伤

裂伤指身体受钝物打击或撞击引起皮肤和皮下组织撕裂的损伤；刺伤是指尖锐物刺穿皮肤及皮下组织器官的损伤，伤口一般小而深；切伤是指锐器切入皮肤后引起的伤害。

在漂流活动过程中，漂流场地的复杂性及采用不恰当的艇筏技术都有可能导致这些损伤的发生。这三类损伤的处理方法：受伤较轻时可使用常用创面擦拭消毒液将伤口周围皮肤消毒（消毒液可参考擦伤常用创面擦拭消毒液的选择），再用消毒纱布覆盖，加压包扎；当伤口较大、较深或浅层污染严重的，应及时送医院由专业医务人员清理伤口；伤口小而深时，应及时注射破伤风免疫球蛋白或者破伤风抗毒素，预防破伤风。

三、挫伤

挫伤是指人体遭受钝器暴力作用而引起受伤部位及其深层组织的闭合性损伤，受伤部位常常会出现肿胀充血、疼痛等症状，重度挫伤会引起血肿甚至休克。根据挫伤部位的不同可引起不同的运动功能障碍，例如，胸部受到严重的挫伤可出现气胸、血胸，甚至同时发生骨折，并发心肺机能异常或休克的症状；关节挫伤时，受伤关节会发生肿胀，活动出现障碍，并在运动时有明显的疼痛。

这类损伤的处理方法：单纯的挫伤在受伤后4小时内局部冷敷，加压包扎、抬高患肢。受伤严重的，例如，肌肉、肌腱断裂甚至骨折者，应将肢体包扎固定后送医院治疗，经检查怀疑有血管损伤，有肢体末端缺血现象的伤员禁止加压包扎及抬高患肢。

四、扭伤

扭伤属于闭合性软组织损伤的一种。由于外力作用使关节的活动幅度超出正常的活动范围，造成了关节韧带的损伤。表现的症状为：关节出现疼痛、肿胀、皮下瘀血、关节功能性障碍等，损伤程度越大则症状越明显。扭伤程度轻者会发生部分韧带纤维断裂，严重者则关节的韧带纤维完全断裂，从而导致关节脱位或半脱位，同时合并关节内滑膜和软骨损伤。

游客在参与漂流活动的过程中，由于漂流水道的复杂性及不规则性，比较容易发生扭伤的情况，因此，学习如何正确处理扭伤很有必要。

当发生急性运动伤害时，最好尽快进行处理。处理原则遵循保护（Protection）、休息（Rest）、冰敷（Ice）、压迫（Compression）、抬高（Elevation）五项原则，简称为"PRICE原则"。其中保护是为了不要再次受到伤害；休息是为了减少疼痛、肿胀并防止损伤进一步恶化；冰敷能够止痛并且让受损部位的毛细血管或组织不再出血及渗出更多的组织液；压迫和抬高的目的也是减少疼痛、出血。但是严重的肌肉拉伤（断裂）、韧带扭伤（断裂）、骨折，则必须到医院进行手术治疗。扭伤的处理方法具体可分为以下步骤：

①在受伤时马上用薄膜包住冰块对受伤部位进行冷敷，可以缓解肿胀，减少毛细血管的出血，冷敷15分钟后休息一会再接着敷，反复多次，但每次不超过15分钟。

②在受伤的当天，受伤后4小时内进行冰敷。请注意不能直接用冰块接触皮肤。

③根据受伤的程度，24小时到48小时后，可以使用活血的外伤药物进行治疗，如活络油、跌打水等。

④受伤后保持拉伤的肌肉或关节处于抬高的位置可以缩短症状持续时间。

五、出血

出血在运动损伤中比较常见，擦伤、裂伤、刺伤、切伤、骨折等损伤都可能出现出血现象，出血在漂流活动中也比较常见，因此漂流救生员要学习和掌握出血的分类以及常见部位出血的应急处理方法，在处理受伤部位时还要舒缓伤者的情绪。

（一）出血的分类

根据受伤血管的不同，出血可以分为动脉出血、静脉出血和毛细血管出血；根据出血流向可分为外出血和内出血。

①动脉出血的特征：血色鲜红，呈喷射状流出，出血速度快，出血量大，危险性高。

②静脉出血的特征：血色暗红，缓慢不断地流出，危险性小于动脉出血。

③毛细血管出血的特征：血色红，血流从伤口慢慢渗出，正常情况下会自行凝固，基本没有危险。

④外出血特征：身体外表有伤口，可直接见到血液从伤口流到体外。

⑤内出血特征：身体表面没有伤口，血液由破裂的血管流向组织，形成淤血或血肿；流向体腔和管腔，形成积血。内出血不易发现，因此要特别注意观察分析和判断。

（二）常用止血方法

1. 间接指压法

当出现动脉出血的情况时，用手指把身体浅部位的动脉压在相应的骨面上，可暂时止住该动脉的供血，达到减少受伤部位出血的目的。常见的出血部位及用间接指压法止血的方法有：

①当头部前面额、颞部出血，要在耳屏前方压迫颞动脉（图4-4-1）。

图4-4-1

②当面部出血时,要在下颌角前面约 1.5 厘米的地方压迫面动脉,因为面动脉在颜面部有许多小支相互吻合,所以必须压迫双侧(图 4-4-2)。

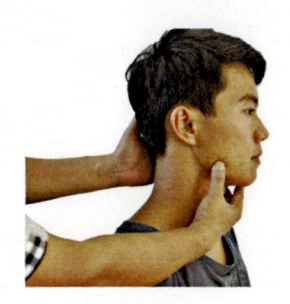

图 4-4-2

③当肩部和上臂出血时,在锁骨上方压迫锁骨下动脉(图 4-4-3)。

图 4-4-3

④当前臂出血时,可用拇指在上臂中段内侧压迫肱动脉(图 4-4-4)。

图 4-4-4

⑤当手掌出血时,可用手指压迫伤者的桡动脉和尺动脉(图 4-4-5)。

图 4-4-5

⑥当手指出血时，可用拇指和食指一起压迫指动脉，压迫点在接近节指根部两侧（图 4-4-6）。

图 4-4-6

⑦当大腿或小腿部出血时，可压迫股动脉，压迫点在腹股沟韧带中点下方的搏动处，用手掌根部或手指向下方的股骨面压迫（图 4-4-7）。

图 4-4-7

⑧脚部出血一般是压迫足背动脉和胫后动脉，用两手的拇指分别按压于内踝与跟骨之间和足背皱纹的中点（图 4-4-8）。

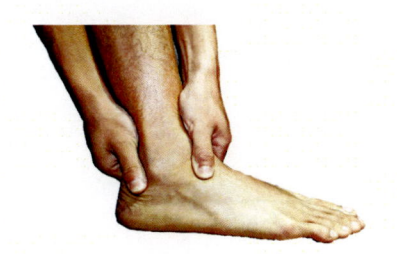

图 4-4-8

2. 止血带止血法

当出现出血现象时，使用制式止血带或胶管、胶带、绷带、布条等进行四肢伤出血的止血方法（图 4-4-9）。

注意事项：必须显著标注扎止血带的时间及签名；扎止血带时间一般小于 1 小时。如果必须延长，每 1 小时放松一次（每次 5～10 分钟），同时做好止血的准备；上止血带部位具体分为上臂出血为上 1/3 段，前臂或手出血为上臂下 1/3 段，下肢为股骨中下 1/3 交界处；必须放置衬垫。

图 4-4-9

3. 抬高伤肢法

当出现四肢毛细血管或小静脉出血的情况时，将受伤肢体抬高，使出血部位高于心脏，从而使该部位的血压降低，达到减少出血的目的，但此法禁用于怀疑有动脉损伤导致运端缺血的情况。

4. 加压包扎法

当小动脉、小静脉和毛细血管出血时，可以先使用消毒的敷料盖上，然后用绷带加压包扎，从而达到止血的目的。

5. 加垫屈肢止血法

当前臂、手和小腿、脚等部位出血时，如果没有出现骨折或肘、膝关节损伤的现象，可以使用棉垫或绷带卷起来放在肘窝或膝关节窝上，再屈肘或屈膝，然后用绷带做"8字形"缠好，从而达到止血的目的（图4-4-10）。

图 4-4-10

六、脱臼

在游客参与漂流活动时，由于漂流水道的复杂性以及速度、落差等变化，漂流游客会出现猛然跌落、撞击到硬物的情况，这些都有可能会引起关节脱臼。脱臼的症状表现为：受伤部位明显畸形，疼痛剧烈，因为骨骼端通常不会出现损伤因此没有明显的摩擦声，但是痉挛的肌肉可能会缠绕骨骼，在复位时会感到剧烈的疼痛，肩部尤其容易出现脱臼。

(一) 肩部脱臼

关节复位者对伤者进行复位动作时需要脱去靴子，用脚撑在伤者腋下，拖动脱臼肩的臂部，使脱臼的肩部复位。

肩关节脱臼还有另一种复位的方法，顶住关节窝，屈肘90度，运用杠杆原理使脱臼的肩关节复位。

肩关节复位后，用小悬臂带吊着臂部并用绷带将上臂与胸部固定好，然后休息防止再受伤。

第四章　漂流运动损伤与处理

（二）手指脱臼

用手抓住脱臼的手指并拽动，然后再慢慢放松，使关节复位。如果不起作用，则需要到医院就诊而不可再进行下去，防止盲目复位引起更严重伤害。

七、中暑

在游客参与漂流活动过程中，人体处于高温和长时间热辐射时，机体体温调节功能可能会出现障碍，导致水、电解质代谢紊乱及神经系统功能损害，从而出现中暑现象，正确处理中暑现象，可以减轻伤者的痛苦。

（一）中暑的症状表现

体温可能会升高并出现头痛、头晕、口渴、多汗、四肢无力、注意力不能集中、动作不协调等现象。在户外水域进行活动时，头部长时间露在水面上也会增加中暑的机率，因此正确做法是要经常保证头部湿水，用物理降温的办法降低中暑的可能性。

（二）游客中暑后现场应急处理方法

发现后，要第一时间将患者移至阴凉通风处，让患者采用躺下或坐下同时抬高下肢的姿势，然后用凉的湿毛巾敷前额和躯干，或用大的湿毛巾把患者包起来进行物理降温，让神志清楚的患者喝清凉的饮料或淡盐水，还可以在额部、颞部涂抹清凉油、风油精等，或服用人丹、十滴水、藿香正气水等中药。

八、休克

休克是指人体受到较强烈的有害因素的作用而发生的一种急性循环功能不全综合症。休克的具体表现症状是：伤者一般表现较虚弱，表情淡漠，反应迟钝，面色苍白或紫绀，脉搏细速，尿量减少，血压下降，四肢发冷。严重时可出现昏迷乃至死亡。部分病人会出现在休克的初期血压正常或稍低，但过后很快出现血压特别是脉压差的降低，所以不能因为暂时的血压正常而忽视休克的存在。

在漂流活动中，休克发生的原因一般是出现创伤而产生疼痛或失血过多、水温过低或过高、心脏发生病变、受到压迫或梗阻等。休克的处理方法如下：

①让休克者采用去枕安静平卧姿势，在必要且确认没有血液运行障碍时，还可以采用头低脚高的姿势，这样做的目的是便于伤者呼吸和下肢静脉回流，同时能保证脑灌注压力。

②保持呼吸道通畅，必要时可以建立人工气道、气囊辅助呼吸，呼吸机辅助通气。

③尽可能让机体维持比较正常的体温，如果出现低体温现象时要脱掉湿衣服保温，如果机体出现高温时要尽量采用物理降温方法进行降温。

④可选择针刺或按摩人中、涌泉、内关、合谷等穴，针刺时宜用强刺激的手法。

⑤对骨折者应进行必要的急救固定，如有出血现象，应及时采用适当的方法进行止血。及早建立静脉通路，用药维持血压并且定时监测血压。尽量保持患者安静，避免人为的搬动。

注意事项：以上处理方法中有些操作方法需要用到专业的医学知识，因此在漂流活动现场遇到休克症状比较严重的游客时，在现场采用应急处理方法的同时要迅速拨打120急救电话，请医生或及时送医院治疗，使患者得到进一步的救助。

九、骨折

骨的完整性遭到破坏性的损伤叫骨折。发生的原因一般是受到外力的直接撞击（撞击石头、礁石等）或者受到外力的间接作用而产生杠杆、扭转等作用使骨头折断。骨折常伴有不同程度的软组织受损。具体表现为产生局部变形、肢体等出现异常活动、移动肢体时可听到骨擦音，严重时骨折处可以见到骨折断端刺穿皮肤。伴有伤口剧痛，局部肿胀、淤血、出血，出现严重的运动功能障碍等。

（一）骨折的分类

1. 闭合性骨折

骨折处皮肤完好，骨折端没有刺破皮肤而与外界相通。

2. 开放性骨折

骨折端刺破皮肤，直接与外界相通。发生时容易出现感染，从而发生骨髓炎与败血症。

3. 复杂性骨折

骨折后，锐利的骨断端刺伤主要的组织与器官，可发生严重的并发症。

判断骨折的依据和方法：局部变形、肢体等出现异常运动、移动肢体时可听到骨擦音，严重时骨折处可以见到骨折断端刺穿皮肤。伴有伤口剧痛，局部肿胀、淤血、出血，出现运动功能障碍等。X 光检查可以准确判断是否骨折及骨折的部位和情况。

（二）处理方法

处理和治疗骨折的最终目的是最大限度地恢复受伤肢体运动功能。因此，在骨折治疗中，复位、固定、功能锻炼这三个基本原则十分重要。

1. 复位

将骨折断端恢复到正常的生理位置，以建立起骨骼正常的支架作用。复位的方法有闭合复位和手术复位。对于穿过皮肤的骨折损伤，在现场处理时，原则上不进行复位，以防止污染物进入，造成继发性损伤。

2. 固定

骨折复位后，骨头不可能很快产生愈合从而再移位，因此要采用不同的方法将其固定在正常的位置，使其逐渐愈合。常用的固定方法有：小夹板、石膏绷带、外固定支架、牵引制动固定等。

3. 功能锻炼

通过主动或被动的活动使受伤肢体肌肉收缩，增加骨折周围组织的血液循环，促进骨折愈合，防止受伤部位发生肌肉萎缩，使受伤肢体的功能尽快恢复到骨折前的正常状态。

(三) 现场紧急处理原则

①包扎前先观察评估伤者的身体情况，如发现呼吸和心跳停止，应首先进行心肺复苏。

②有出血情况时，应该遵循先止血，然后再包扎，最后才固定的顺序。

③固定夹板的长度要与肢体长度相对称，有骨突出或关节突出的部位要加垫。

④先包扎骨折部位的上下两端，然后才固定关节。四肢骨折固定时，应先固定骨折断端的上端再固定下端。若顺序错误，可能会导致断端二次错位。

⑤松紧度要适当，为便于检查，四肢部位要露出指（趾）尖，以方便观察。

⑥现场处理后要迅速送医院进行后续医治，凡未经复位固定的骨折伤者，不能运送，以防增加伤者的痛苦以及导致神经、血管的损伤。

(四) 常见骨折位置的固定方法

1. 锁骨骨折固定方法

用3条三角巾折成宽带，其中两条打结做成环状套于肩部，剩下一条放在背部，将左右两环拉紧后打结，最后用小悬臂带包扎法将伤侧前臂包扎起来（图4-4-11）。

图 4-4-11

2. 肱骨骨折固定方法

取两条合适的夹板置于伤肢的内外两侧，如只有一条则置于伤肢外侧，用绷带固定骨折的上下两端，再用小悬臂带将前臂吊起，最后用三角巾把伤肢绑在躯干上加以固定（图 4-4-12）。

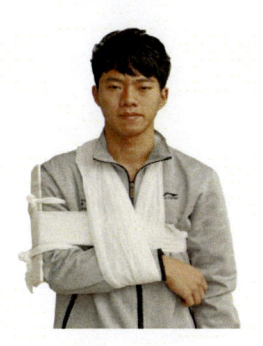

图 4-4-12

3. 前臂骨骨折固定方法

将伤者的掌侧及背侧各放一块夹板，用绷带绑扎固定后以大悬臂带悬挂胸前（图 4-4-13）。

图 4-4-13

4. 股骨骨折固定方法

使用长夹板两条，分别置于伤肢的内侧和外侧，外侧夹板自腋下至足底，内侧夹板自腹股沟会阴侧至足底，放好后，用多条绷带分段固定夹板并在外侧打结（图 4-4-14）。

图 4-4-14

5. 小腿骨骨折固定方法

使用夹板两块,一块在外侧,自大腿中段至足底,另一块在内侧,自大腿中段(会阴侧)至足底,然后用绷带分段固定(图 4-4-15)。

图 4-4-15

十、溺水

溺水是指人体淹没于水中后,因过度紧张而屏气,导致喉、气管出现痉挛现象而无法呼吸,从而引起缺氧、窒息,严重者会因为呼吸和心跳停止而死亡。在漂流活动现场如果发生游客溺水的现象,要尽快帮助其脱离溺水的环境,如果溺水者出现无呼吸无脉搏的情况,则要迅速对溺水者进行心肺复苏的救助,直到专业医生的到来。无呼吸的溺水者如果在水中离岸边较远,救生员无法迅速帮助其上岸时,则应第一时间在水中对溺水者进行人工呼吸,并逐步把溺水者带上岸做进一步处理。

心肺复苏是在伤者没有心跳和呼吸停止的情况下所采用的抢救措施,使用胸外心脏按压或其他方法形成人工循环,从而让心脏恢复自主的搏动,建立起正常的血液循环,用人工呼吸的方法让伤者恢复自主呼吸,以达到让伤者恢复意识、挽救生命的目的。心肺复苏包括体外除颤(人工或自动除颤仪)、人工呼吸、胸外按压三个操作,现场的应急处理一般采用胸处按压(CPR)的急救措施。

（一）陆上胸外按压复苏（CPR）的方法与步骤

1. 判断溺水者有无意识

大声呼叫溺水者，同时采用轻拍溺水者肩部方法，判断溺者的意识是否丧失。

2. 如果溺水者无意识，则呼叫 120 急救电话求助

3. 对溺水者采用急救复苏体位

如果头高足低位会降低脑血流灌注，头低足高位则会导致颅内压增高，这两种体位均对溺水者不利。

急救复苏体位的方法为：
①采用去枕仰卧位让溺水者平躺在硬的平面上，如木板、平地等。
②双臂放于两侧，松解衣扣、腰带，暴露胸腹部。

4. 救生员位置的选择。

救生员位置要便于对溺水者进行心肺复苏的操作，一般右手为习惯用手的，救生员应选择位于溺水者右侧肩部的位置。

5. 清理口腔异物

双手轻轻转动溺水者头部，使其偏转一侧。检查口腔是否有异物，如果有异物，则用手指将其抠出来。

6. 开放气道

用左手掌心放在溺水者额部把额头向下压，右手手指放在下颌骨处向上抬颌，帮助头部后仰以打开气道；对疑似颈椎创伤溺水者使用推举下颌法。

7. 检查判断溺水者有没有呼吸及脉搏

如果有溺水者存在自主有效呼吸，应置于稳定的侧卧位（恢复体位），口部朝下，以免发生气道窒息。并定时检查溺水者的身体状况，等候专业医务人员的救助。检查方法如下：

①耳朵贴近伤者口、鼻处检查伤者是否有呼吸声音及呼吸气体；眼睛观察胸廓部是否有起伏以判断有没有呼吸。

②一手食指、中指并拢，由喉结内侧滑移 2～3cm 至胸锁乳突肌前缘凹陷处判断是否有动脉搏动。

③检查应在 5～10 秒内完成。

8. 人工呼吸

将按压前额的手的大拇指与食指捏住鼻孔，施救者与溺水者口紧密结合，给予两次人工通气。吹气方法正确无漏气：捏鼻→撑口→呼吸→口对口封闭→吹气→松鼻→抬头，连续两次，吹气时间为 1 秒。或用简易呼吸气囊进行人工呼吸。人工呼吸过程中注意观察胸廓是否有明显扩张以判断吹气的有效性。

9. 胸外按压

实施胸外按压时需要注意以下事项。

(1) 位置

一手中指沿溺水者的胸廓下部肋缘向上滑动摸到肋弓和剑突交点处为胸骨下切迹，食指中指并拢。另一手掌根部沿胸骨下滑碰到食指止，该手掌中心部位即为按压区（胸骨下 1/3 处；两乳头连线和胸骨的交接点）。

(2) 按压手法

一手掌根部紧贴在按压部位，另一手掌根部重叠放于其手背上，双臂的肘关节伸直，以髋关节为支点，利用肩腰部的力量垂直按压。

(3) 按压幅度

使胸骨下陷至少 5～6cm，每次按压后使胸廓完全反弹，放松时手掌不能离开胸壁。

(4) 按压时间

按压时间：放松时间＝1：1；按压频率：100～120 次/分钟。

(5) 胸外按压

按压和通气比为 30∶2。

10. 操作 5 个循环后再次判断呼吸与颈动脉搏动，时间不超过 10 秒

（二）复苏效果评估

①神志及呼吸。呼叫溺水者，溺水者神志呼吸恢复，面色转红润。
②瞳孔。双侧瞳孔较前缩小，对光反射恢复。
③心电图。恢复窦性心律。
④进一步生命支持。开放静脉通道，心电监护，持续吸氧。

（三）心肺复苏辅助工具

在进行心肺复苏过程中经常会用到一些辅助急救工具，了解和熟练掌握这些急救工作对于救援工作也十分重要。这些辅助急救工具主要包括自动体外除颤仪（AED）、呼吸面罩、氧气袋等。

1. 自动体外除颤仪（AED）

（1）工作原理

自动体外除颤器是针对心室颤动（或心室扑动）和无脉性室性心动过速这两类患者而设计的。当患者出现心室颤动（或心室扑动）或者无脉性室性心动过速时，其特征如同无心率一样不会有脉搏，在这两种心律失常时，心肌虽有一定的搏动但却无法有效将血液送至全身：在发生心室颤动时，心脏的电活动处于严重混乱的状态，心室无法有效泵出血液。在心动过速时，心脏则是因为跳动太快而无法有效泵出充足的血液，通常心动过速最终会变成心室颤动。遇到这两种情况若得不到及时的矫正，将会迅速导致脑部损伤和死亡。

自动体外除颤器本身并不能让患者恢复心跳，它的主要作用是通过电击使室颤、室扑等致命性心律失常终止，然后再通过心脏高位起搏点的兴奋重新控制心脏搏动从而使心脏恢复跳动（但有部分患者因其心脏基础疾病可能在除颤后无法恢复心跳，此时自动体外除颤器会经过分析并提示没有除颤指征，并建议立即进行心肺复苏)。

(2) 使用方法及步骤

使用自动体外除颤仪时，主要依据以下步骤：

①依据说明和声音的提示开启自动体外除颤器。

②在伤者胸部的适当位置贴上电极（可以参考 AED 机壳上的图样和电极板上的图片说明），通常两块电极板分别贴在右胸上部和左胸左乳头外侧。

③将电极插头插入主机插孔。

④按下"分析"键开始分析心率。分析完毕后，AED 将会发出是否进行除颤的建议。当有除颤提示时，不要与患者接触，同时提醒附近的人远离患者，由操作者按下"放电"键进行除颤。

⑤一次除颤结束后，自动体外除颤器会再次分析心律，如伤者未恢复自主心律，操作者应进行 5 个周期 CPR，然后再次"分析心律—除颤—CPR"，反复操作直至急救人员到来。

2. 呼吸面罩

氧气面罩的氧气直接注入贮氧袋内，供呼吸困难、缺氧病人输氧用。使用时将面罩置于患者面部，密闭口鼻，使用固定构件将面罩固定于患者头部，它可以把呼吸需要的氧气从储罐中转入到人体肺部中去。

3. 氧气袋

氧气袋是用来装氧气的袋子，主要由无毒、无有害化学作用的材料合成。氧气袋携带方便，操作简单，可以用于家庭保健，也可以用于医疗单位外出急救输送。氧气袋通常为蓝色。

十一、脊柱受伤

当发生漂流游客疑似颈椎或脊椎受伤的情况时，一定要谨慎处理，因为处理不当将会增加伤者疼痛，并可能会直接导致其终身残疾。在现场处理脊椎受伤的伤者时，需要两人以上进行，一名救生员做主要施救者，其他救生员当助手在旁协助操作。

第四章　漂流运动损伤与处理

当伤者发生颈椎、脊椎脱位或骨折时，受伤处会感到疼痛、肿胀，并伴有压痛感，同时颈部或背部会出现红肿或淤青现象，严重时脊柱会出现变形或是不正常的弯曲，脊柱出现失力，颈部有坠下的现象。当伤者出现这些症状时，可以考虑伤者可能出现脊柱受伤的状况，需要颈托和脊柱板来进行固定，然后才可以进行转移和运送，以避免伤者的脊柱受到进一步的伤害。

（一）颈托及脊柱板常用的固定手法

1. 头锁

头锁的作用是固定伤者头部。伤者仰卧位，救生员双膝跪在伤者头顶位置与伤者身体成一直线，然后把双肘放在地上固定好，双掌放在伤者头部两侧，拇指轻按伤者前额，食指和中指固定其面部，无名指及小指放在耳下，助手食指在伤者肚脐正中位，方便救生员调整伤者头部与躯干保持直线位置（图 4-4-16）。

图 4-4-16

2. 胸头锁

胸头锁主要用于需要转换固定手法时固定伤者的一种过渡手法。救生员位于伤者身体一侧，一手肘部及前臂放在伤者胸骨之上，拇指及食指分别固定于面颊上，另一手肘关节置于地上固定后，手掌放在伤者的额头上。双手调整好位置后同时用力，手掌不可遮盖伤者口鼻（图 4-4-17）。

图 4-4-17

3. 斜方肌挤压法

斜方肌挤压法主要用于平移伤者过程中保持伤者的头部与躯干同时移动。伤者仰卧位，救生员双膝跪在伤者头顶位置与伤者身体成一直线，先把双手肘关节在地上固定好，然后双手放在伤者颈部两侧，拇指和四指分开伸展至斜方肌，掌心向上，锁紧斜方肌，双手前臂紧贴伤者头部使头部固定好（图 4-4-18）。

图 4-4-18

4. 改良斜方肌挤压法

改良斜方肌挤压法主要用于伤者翻转过程中保持其头部与躯干相对固定（如清理呕吐物、插入固定板等）。伤者仰卧位，救生员双膝跪在伤者头顶位置与伤者身体成一直线，先把双手肘关节在地上固定好，其中一手按斜方肌用挤压法锁紧其斜方肌，另一手则像头锁般固定伤者头部，手掌及前臂须用力将头部固定（图 4-4-19）。

图 4-4-19

（二）陆上脊椎损伤处理

1. 检查现场环境

通过询问、观察、触摸等方法初步判断伤者伤情，发出求救信号，并安排人员协助救援。

2. 上颈托

上颈托是一个细致的工作，需要在操作时特别小心谨慎。具体的操作流程可分为以下步骤：

①颈部左右复位。1 号救生员位于伤者体侧，用一指垂直于伤者肚脐正上方，2 号救生员位于伤者头部正后方，用头锁固定伤者头部，视线在伤者胸骨和肚脐的延长线上，通过调整伤者头部位置使伤者鼻尖、胸骨和肚脐成一条直线（图 4-4-20）。

图 4-4-20

②颈部上下复位。1 号救生员位于伤者头部正上方，用一指保持视线与地面垂直，以视线、手指为参照物，发口令指挥 2 号救生员缓慢地将其头部后仰至嘴

角和耳垂的连线与地面垂直（图 4-4-21）。

图 4-4-21

③测量伤者颈部长度。1 号救生员位于伤者头部正上方，用拇指与食指分开成直角，四指并拢，拇指于下颌正中，食指置于下颌下缘，测量下颌角至斜方肌前缘的距离（具体量出几指宽度）（图 4-4-22）。

图 4-4-22

④1 号救生员打开颈托锁扣，用手指外侧对其颈托标尺下沿，调整颈托到合适的长度再按下锁扣锁好（图 4-4-23）。

图 4-4-23

第四章　漂流运动损伤与处理

⑤1号救生员用靠近伤者下肢一手抓住颈托，另一手将颈托固定带小心地穿过受伤者的后颈，慢慢地将下颌垫小圆点与受伤者的下颌尖吻合、胸骨与颈托下部小圆点吻合，然后收紧颈托固定带，固定颈托（图4-4-24）。

图 4-4-24

⑥固定好颈托固定带后，1号救生员检查颈托松紧度是否适中，位置是否正确（图4-4-25）。

图 4-4-25

⑦上脊椎固定板。在完成头部复位与颈托固定后，1号救生员用改良斜方肌锁固定伤者头颈部，2、3号救生员相邻的手交叉抓住伤者外侧，在听到一号救生员发出口令后一齐帮助伤者翻转，4号救生员在1号救生员口令指挥下完成插板动作；1号救生员检查各岗位救生员准备完成后发出伤者上板口令。2号救生员用胸头锁固定伤者头部，1号救生员换用肩头锁固定伤者；2、3号救生员抓住近侧端脊柱固定板的抓手，在提示4号救生员固定脊柱固定板后发出平移信号，完成伤者稳定移动至脊柱板动作。在移动伤者至脊柱板过程中，须注意大家动作统一协调，搬动必须平稳，防止头颈部转动和脊柱弯曲（图4-4-26）。

· 223 ·

图 4-4-26

⑧侧翻（图 4-4-27）。

图 4-4-27

⑨插板（图 4-4-28）。

图 4-4-28

⑩恢复平卧位（图 4-4-29）。

第四章 漂流运动损伤与处理

图 4-4-29

⑪平移定位（图 4-4-30）。

图 4-4-30

⑫固定伤者：伤者躯体和四肢固定在脊柱固定板上，按照胸带、腰带、脚带的顺序进行固定。

A. 胸带固定（图 4-4-31）。

图 4-4-31

B. 腰部固定带固定（图 4-4-32）。

· 225 ·

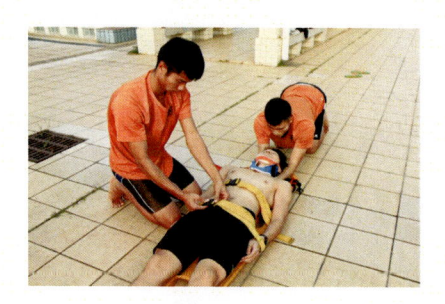

图 4-4-32

C. 脚部固定带绕过足底"8字形"固定（图 4-4-33）。

图 4-4-33

D. 头部固定器固定头部（图 4-4-34）。

图 4-4-34

⑬平稳抬起伤者，足侧的助手先行，施救者在头侧，同时注意观察伤者头颈部情况（图 4-4-35、图 4-4-36）。

第四章 漂流运动损伤与处理

图 4-4-35　　　　　　　　图 4-4-36

⑭放下时也由头侧的施救者发出明确的指令，大家一起行动，要求做到动作一致，平稳放下伤者。

注意事项：当怀疑颈椎损伤时，第一时间上颈托进行固定；如果怀疑有腰椎损伤，上板时要在腰部加 3~5cm 的软垫保护。

（三）水中脊椎损伤处理

1. 水中脊椎损伤的处理流程

①当判断水中的伤者可能发生脊椎受伤时，呼叫同伴协助，委托同伴打 120 电话向专业的医疗机构及漂流场所救护中心呼救求助。

②在水中固定伤者，保障伤者维持正常呼吸与脊柱相对固定，在同伴协助下，将伤者移至合适的位置再进一步采取加固措施。在水中对伤者进行救助时，应保持伤者头部与身体成一直线，并维持伤者的面部在水面上。

③利用脊椎固定板固定伤者时，应先固定伤者的胸部，然后再固定其头颈部，之后再固定伤者身体的其他部位。

④尽快移动伤者上岸，进一步对伤者进行救助。

2. 水中脊椎损伤的处理方法

① 判断。救生员接近伤者的身旁，对伤者的伤情做出初步判断，当判断伤者疑似脊椎受伤时，使用胸背锁固定好伤者的头部和躯干，因伤者在水中身体姿势可能是俯卧状也可能是仰卧状，因此要注意固定部位的先后顺序：先水下部位再水面部位。

② 固定。在接近伤者并进行救援时，主要使用胸背锁固定法和上臂固定法。

· 227 ·

A. 胸背锁固定法。救生员应该先用一边手的肘关节固定伤者位于水下的胸部（背部），接着用手固定其位于水下的面颊（后枕）；再用另一边手的肘关节固定其位于水面的背部（胸部），最后才用手固定其位于水面的后枕（面颊），并让伤者头部和身体脊椎成一直线。当伤者呈俯卧状的姿势时，在用胸背锁固定好伤者后，水平位置翻转伤者，使其身体姿势呈仰卧状，保持面部朝上并且口鼻露出水面。

B. 上臂固定法。救生员接近水中的仰卧伤者，当判断疑似脊椎损伤时，用同侧手握住伤者同侧手的上臂，以伤者的两上臂固定其头颈部并使其头颈部与身体脊椎成一直线，保持让其口鼻露出水面；如果伤者面部朝下，则用伤者上臂固定其头颈部并使头颈部与伤者的脊椎成一直线的状态下，将伤者向救生员侧翻转使其面部朝上，保持伤者的口鼻在水面上。如果伤者沉底，则用上臂固定法固定好伤者后，使其向头部方向移动，慢慢将伤者带上水面。

③上板。根据不同的固定法，上板的方式也有所区别。

使用胸背锁固定法上板时，可采取以下步骤：

A. 用脊椎固定板固定和运送伤者必须要两名以上救生员。其中1号救生员先用胸背锁固定伤者并使其口鼻露出水面，2号救生员手持脊椎固定板运至伤者另一边，然后把板垂直压入水中放在伤者的身下。1号救生员在2号救生员将脊柱固定板插入伤者的后背动作完成后，慢慢将手从伤者背后抽出并放在板下，两手将板与伤者一起固定。

B. 两名救生员固定伤者与板后，一起把伤者运送到浅水处或者岸边。

C. 到达岸边后，2号救生员移动至板头，将板头放在胸部和肩部处，并用双臂夹住脊椎固定板的两侧，双手固定伤者的面颊，连带板一起固定好伤者的头颈部。

D. 1号救生员用固定带固定好伤者的胸部（不固定双臂），再固定伤者的腰部（同时固定双臂），再用"8字形"法固定伤者的脚部。

E. 1号救生员用胸背锁固定伤者，2号救生员用岸上或同伴手中的头固定器固定伤者的头部。

F. 上岸。完成伤者固定后，两名救生员位于脊椎固定板的两边，调整脊椎固定板的板头与岸边成垂直状，一起用力将板的一头抬至岸上。一名救生员转至板尾固定脊柱固定板，另一名救生员上岸或岸上人员拉住板头，两人合力，一起把板与伤者移至岸上。

使用上臂固定法上板时，可采取以下步骤：

A. 1号救生员在水中用伤者的上臂上举并拢夹紧、固定其头部，2号救生员手持脊椎固定板至伤者另一边，然后把板垂直压入水中放在伤者的身下。

B. 2号救生员用一只手在脊椎固定板底部固定好之后，再用另一手的肘部固定在伤者的胸骨上，手指固定好伤者的面颊，连同板一起固定伤者的头颈部。

C. 两名救生员固定伤者与板后，一起把伤者运送到浅水处或者岸边。

D. 1号救生员把固定伤者的双手抽出，然后把伤者的两臂放在其身边。

E. 到达岸边后，1号救生员移动至板头（岸上人员），将板头放在胸部和肩部处，并用双臂夹住脊椎固定板，双手固定伤者的面颊，连带脊椎固定板一起固定好伤者的头颈部。

F. 2号救生员用固定带固定伤者的胸部（不固定双臂），再固定伤者的腰部（同时固定双臂），再用"8字形"法固定伤者的脚部。

G. 2号救生员用胸背锁固定伤者，1号救生员用岸上或同伴手中的头固定器固定伤者的头部。

H. 上岸。固定好后，两名救生员位于脊椎固定板的两边，调整脊椎板的板头与岸边成垂直状，然后一名救生员先上岸或岸上人员拉住板头，另一名水中救生员扶住板尾，两人合力，一起把脊椎固定板移至岸上。

④ 运送。当救生员在水中对伤者进行固定后，可使用脊椎固定板固定并且要求两人以上运送伤者上岸。

十二、脑震荡

脑震荡是指头部受到外力打击或碰撞以后，脑功能发生暂时性障碍。在漂流活动中，当头部撞到礁石、运动器材、船艇等硬物后，容易发生脑震荡的伤害，正确、合理地处理脑震荡伤者，可减少其受伤后的后遗症及并发症的出现。

（一）脑震荡的症状

出现脑震荡损伤时，根据受伤的轻重不同，受伤者会出现昏迷，丧失意识，一般要在数分钟到半小时后方才清醒。清醒后对受伤的情况及经过不能回忆，但是对于受伤之前的事情却有清晰的记忆，同时会伴有不同程度的头昏、头痛、恶心、呕吐等症状。

（二）脑震荡现场处置方法

首先应让伤者平卧，严禁摇动、牵扯，更不得随意移动伤者，其头部两侧用衣物填塞，以免左右摇晃，同时将毛巾浸湿冷敷伤者头部，注意伤者的保暖。对神志不清者可用手指掐人中、合谷等穴，昏迷者可按压人中、合谷使其苏醒。在现场应急处理的同时，应及时向医疗部门求助，及时把伤者送到医院进一步观察和处理。

结 语

CONCLUSION

结　语

　　随着我国体育事业的不断进步和生活水平的日益提高，无论是专业的运动员还是普通群众对于漂流这项集竞技、探险、休闲于一体的体育活动了解得越来越深入，对于漂流活动潜在的风险认知也越来越全面。类似于"长漂""黄漂"之类缺乏安全保障的漂流活动越来越少见，取而代之的是细致的前期考察和精良的装备采购以及严密、周全的漂流活动计划。从目前漂流运动的开展状况来看，漂流运动正向着两个相辅相成的方向良性发展。一是在专业级别的漂流探险活动中，国内的漂流队员与国外成熟的专业漂流运动员合作，进行大型的漂流科考活动。这类活动不仅丰富了对考察地区地质地貌的认知，而且快速提升了参与队员的活动策划能力和实际运动水平；二是在低风险、观光性强的漂流场所区域开展群众普及型的漂流安全培训，这对于人们提高该项运动的知名度、丰富群众体育运动项目以及增加景区旅游收入等方面都能起到明显的促进作用。不同运动水平和不同场地漂流运动的拓进对这项运动的开展都有着积极的意义，专业级别的漂流探险为这项运动的技能提升和装备升级提供了可能，而大众娱乐的休闲漂流对普及这一运动项目以及专业人才的准备方面则起到了不可替代的作用。

　　虽然漂流运动的发展前景广阔，但与之伴随的风险也应引起高度重视。在漂流运动开展过程中，周全的漂流线路设计、齐备的救生器材配备、专业的漂流救生技能等都是漂流活动必不可缺的要素。由于漂流活动在我国目前尚处于快速发展、亟待规范的状态，因此针对漂流活动的救生技能也处于探索和开发阶段。

　　如若与其他国家和地区的漂流救援现状相比较，可以发现，国内的漂流救援水平相对滞后。出现这一现象，除了因为该项运动开展时间较短，对其认知水平有待提高外，还与该项运动涉及的多学科的知识背景有关。提升漂流救生能力需要从两个方面着手：其一是理论探讨；其二是技术实践。在理论探讨上，由于漂流活动涉及流体力学、机械制造、运动生理学、运动解剖学、医学、旅游管理等多个文理学科，因此，正确处理漂流救援流程需要多个学科的知识。例如，从流体力学的角度出发，漂流救援过程中对于水流类别的归类就需要迅捷和专业的判断，才能有针对性地实施安全管理及高效的救援行动；再如，救援伤害产生后，在缺乏专业仪器检测的情况下，需要救援人员具备基础的医学知识，能够对伤情等级做出准确有效的判断。对于伤情等级一般的伤者可以进行初步的伤情处理，对于伤情较重的患者，可以避免伤者在救援过程受到二次伤害，然后迅速送往医院做进一步诊断治疗；又如，在旅游线路的设计上需要平衡风险等级和惊险刺激之间的微妙关系。过于缓和平淡的线路对于游客而言缺乏吸引力，而过于湍急高危的线路对于安全管理又提出了巨大挑战；是否需要对自然环境的漂流场所进行土建改造，就涉及土木建筑以及旅游管理等内容。这些问题的探讨不仅需要相关学科的专业知识，还需要结合漂流运动的特点进行更进一步细化。

在技术实践上，漂流救援的技术要求也较为繁杂。除了基本的游泳技术外，救援器械的规范使用也必不可少，如救援板、救生艇筏、潜水装备、救生绳包（结绳、抛绳）等都需要反复操作才能够运用自如。由于涉及多学科的专业知识，因此对这一问题的研究不够深入也就不难理解。目前，国内的漂流救援技术的研究无论是理论探索还是技能训练都缺乏有针对性的讨论，这使得国内的漂流运动基本处于自由散漫发展的状态，漂流救援水平也停留在"下水救人""绳钩捞人"的阶段。

就漂流救援技术而言，无论是在技术相对成熟的美国、澳大利亚等国家，还是在技术相对先进的我国港台地区，技术研发和设备更新都处于不断发展、日趋完备的阶段。例如，台湾地区的漂流救援培训除了已经提及的游泳技术和水域救援技术外，还包含激流垂降技能的训练、拦截式横渡的架设训练、各种型号的抛绳枪的使用指导等，这让我们的研究者深刻意识到对相关问题的探讨仍有较大的拓展空间。

上述提及的救援理论和救援技术在国内漂流救援中并没有真正得到深入研究和广泛推广，原因是多方面的。除了培训人员本身对这些技术的熟悉程度不够，无法将这些技术与漂流救援活动较好地结合等原因外，救援成本和效益之间如何

结 语

衡量也是需要考虑的因素。由于目前漂流运动的组织方多为企业，企业在人员培训、器材采购、救援计划、救援实施等环节都需要考虑经济成本，因此不计成本的救援行动显然并不符合企业实际现状。作为一项季节性强、前期投入高的运动项目，风险控制和成本控制之间的天平更加容易倾向后者，也就不难理解。

在选择和衡量漂流救援技术要点时，不仅要考虑到国内目前漂流运营企业的实际状况，还要考虑到救援一线人员的技能基础。在多次的实地调研和考察过程中，我们发现目前漂流救援人员专业基础较差、综合素质较低。因此在救援基础技能的选择上，将游泳技术、救援基础技能、伤害的基础处理作为漂流救援的重点内容。这样的内容安排并非有意降低救援技能的难度，而是充分考虑到目前国内漂流从业人员的技能现状和企业的培训成本。

由于上述因素的权衡，在救援技术的介绍上就并非兼收并蓄，完全照搬其他国家和地区的套路，而是有所选择和舍弃。这样的选择并不妨碍漂流救援技术在国内的发展，而是希望其推广首先能够真正"活起来"。对于国内的企业和从业人员而言，先开始重视该项技能，进而推广其基础性的教学内容。在业界逐渐建立了漂流救援的基本概念，熟悉了救援技能基础后，然后再深化和提高理论水平和技能要求。从实际效果来看，这样循序渐进的知识安排应该比一股脑的全方位介绍更好一些。

不可否定，漂流活动的救生技能大量借鉴了其他水域运动的救生技能，例如游泳、救生、潜水等，这些技术作为水域救生的基础同样广泛运用在漂流救生活动中。与此同时，也需要清醒地认识到漂流救生技能不能简单等同于游泳、救生和潜水技能，它们之间并非简单的叠加关系。不能简单地将救生技能（泳池、海浪）、医疗级别的伤害处置方案套用到漂流救生活动中，例如常用于海浪救生的救生板技术、用于人员打捞的潜水技术以及伤害处理的等级都与该技术在其专业领域内的运用有明显差别。之所以强调救援技术与其他学科专业知识的关联性，同时也强调技能运用"度"的问题，是因为这涉及漂流救援技术的定位问题，漂流救援技术的正确定位应该是尽量将漂流风险和漂流伤害降至最低。在无法完全避免风险和伤害的前提下，提供专业的救护援助及基本的伤情处理，为下一步的医疗处理赢得时间。漂流救援不应大包大揽，也无法面面俱到。只有对此有正确的认知，救援人员才能在保护自己的前提下实施救援行动，才能对救援过程中不可避免出现的伤亡情况有积极正面的认知。

选择哪些技术作为漂流基础救援的培训范畴对于编写者而言，确实经过了反复的考量。如上所言，除了考虑到培训对象的技能基础、技术实施的可能性与必要性、当前漂流企业运营的实际情况、救援技术与其他专业相关内容之间的差异性等因素外，对目前国内该项运动的理论研究现状也有所顾及。在进行编写之前，编写组成员在全国重点体育院校的图书馆，以及主要电子资料库中调阅相关资料时，发现目前无论是普及性的运动项目介绍还是专业性的技能分析，都对漂流救援的认知存在明显的滞后和缺陷。偏于理论介绍类的著作，重点介绍漂流运动的发展历史以及行业现状，对于技术指导类的内容少有涉猎或者基本不涉及；偏于技术介绍类的著作，常常将漂流救援活动处理为户外探险救援的部分内容，简单提及救援时的基本准则和装备使用的基本规范，对于技术细节的介绍往往一笔带过。大部分的论述者对该项运动的技术研究现状并不十分熟悉，因此在救援技术指导方面常常缺乏切实可行的方案设计和救援技能的规范运用，这些现象的出现都阻碍了漂流救援技术的推广和提高。目前，漂流救援的理论研究现状和技术研究现状明显滞后于该项运动的发展实际。商业开发的先行与理论研究和技能开发的滞后形成了明显的错位。这种错位不仅让编写者感到时不我待，也在研究过程中逐渐建立必要的理论自信，相信这样的理论研发和技能介绍并非纯粹的高头讲章，而是具有切实的社会需要和广泛的应用价值。

由于本教程属于基础教程，因此在内容上侧重于基础能力的介绍，例如游泳技能、救援手段、伤害处理等。至于制度建设、救援计划的制订、安全管理以及人员培训等内容都安排在高级教程中介绍和了解。基础教程定位为一线的救生人员的操作指南，因此除了必要的理论介绍外，大多为实用的操作技巧。做出这样的内容安排，是希望阅读该教程的读者能够迅速了解该项运动的发展现状和行业要求。偏倚于技能介绍类的知识能够帮助救援一线人员明确自己需要掌握的技能要点，同时也能帮助管理者了解一线工作人员在选聘人员、员工晋升方面应该关注的技术重点。

当然，由于缺乏国内同类著作的参考，以及限于国内此项技术的研究实际，因此本教程可能存在结构考虑不周全或技术介绍不全面的缺陷。站在实用的角度对培训内容进行剪裁和编排是否能够切实促进此项技术的推广有待时间的检验和同行的反馈；救援内容的安排分为基础教程和高级教程的做法，是否真正符合本教程的读者定位，是否会割裂救援知识的系统性，这一点同样有待时间的检验。

结　语

　　尽管如此，但本著作毕竟是国内该领域的"拓荒"之作，这些问题对于这类探讨性教程的编写工作而言，都是不可避免的。在编写过程中，编写人员都一致认为，提出问题并部分地解决问题比单纯地等待完善解决方案更有意义。姑且将之视为引玉之砖，通过引起同行关注和社会重视，将这一问题讨论引向深入，如若能做到这一点，那么本教程也算是完成了历史使命。相信在不久的将来，作者将有机会再次完善和修订本教程。随着漂流运动认知的不断深入，在救援技能的介绍和内容编排上将更加丰富合理，也更贴合此项运动的发展实际。

　　"积土成山，风雨兴焉"。知识的积累从来都不是一蹴而就的过程，然而一旦成势必将对社会有所裨益，特别是救护生命这样神圣的事业。正是怀着对生命的敬畏和不可推卸的使命意识，作者担当起介绍和推广漂流救援技术的责任。如若有毫末之功，那将是令人欣慰的。

后 记

POSTSCRIPT

本著作主要讨论漂流救援的基本技术，目前是国内最早对这一研究方向进行探索的教程，和与之配套的《漂流救援高级教程》同步出版。

本教程在编写过程中经历了辛苦的准备和撰写工作。在前期选题调研的过程中，广泛搜集国内乃至国际相关文献，做到了在对同类材料阅读和熟悉基础上才开始确定选题。并且，在文字材料撰写前进行了广泛的调研，充分了解广东省惠州市、清远市等地区漂流企业的实际运营状况，并与一线的救生员进行问卷和口头调研。之所以在前期做如此充分的准备，还是希望在教材撰写过程中能够做到更有针对性，解决救生工作中的实际问题。

本教程的撰写是一个集体合作的过程，参与单位主要有惠州市体育局和广东海洋大学的多位人员。具体撰稿情况如下：

序言：叶澜涛

第一章：叶澜涛

第二章：鹿徽、顾磊、庞锦华

第三章：鹿徽

第四章：陈泽勇、鹿徽

结语：叶澜涛

鹿徽负责全书的策划和统筹，叶澜涛负责审校和定稿。插图由叶澜涛拍摄，动作示范由广东海洋大学体育与休闲学院诸位学生配合完成，他们是蔡祥良、李金辉、黄杰冰、陈永钦、黎礼龙、黄仁帅、林锦鹏、龙恒帅、陈荣基、咸伟钰、陈在梧等。

后 记

我们热忱期待各高校同仁以及漂流企业、管理机构在使用这部教程时提出宝贵意见，使得漂流救生的理论和实践研究得到不断完善和改进。

广东海洋大学　鹿徽

2019 年 1 月